# 穿透财报
## 发现企业的秘密

薛云奎 著

机械工业出版社
CHINA MACHINE PRESS

### 图书在版编目（CIP）数据

穿透财报，发现企业的秘密 / 薛云奎著 . —北京：机械工业出版社，2018.4（2025.5 重印）

ISBN 978-7-111-59546-5

I. 穿… II. 薛… III. 会计报表－基本知识 IV. F231.5

中国版本图书馆 CIP 数据核字（2018）第 056303 号

## 穿透财报，发现企业的秘密

| 出版发行：机械工业出版社（北京市西城区百万庄大街 22 号） | 邮政编码：100037 |
|---|---|
| 责任编辑：冯小妹 | 责任校对：殷　虹 |
| 印　　刷：北京建宏印刷有限公司 | 版　次：2025 年 5 月第 1 版第 16 次印刷 |
| 开　　本：170mm×230mm　1/16 | 印　张：16.25 |
| 书　　号：ISBN 978-7-111-59546-5 | 定　价：79.00 元 |

客服电话：（010）88361066　68326294

版权所有 • 侵权必究
封底无防伪标均为盗版

# 前言

这是一本关于中国上市公司财报分析的案例集。但是，它不同于一般的案例集。在这本案例集中，我们共选取了沪、深、港证券交易市场上市的15家公司，通过案例讲方法。本书更加侧重于介绍一个经典的案例分析框架和方法，以穿透10年财报的方式，洞穿企业的内在投资价值。透过这些案例的学习，既能够洞悉拥有投资价值的公司都具有哪些特点，同时又能学会专业的财报分析方法，达到一举两得、事半功倍的效果。

本书中所收录的绝大部分案例，与作者在"喜马拉雅"平台所开设的音频节目"薛云奎讲价值投资"所选取的案例是一致的。但音频与图书在内容上各有侧重，音频内容简单明了，重点突出；而图书内容则更加完整、精确，图文并茂，数据翔实。故此，如果使用者能够将音频、图书配合使用，必将达到更好的学习效果。

这本书既具有很高的理论价值，又具有很强的实战性，对读者更加深入、系统、全面地认识和理解工商企业大有裨益。同时也会帮助读者提升对会计本质的认识，丰富更多的会计专业知识。因此，本书既可以作为 MBA、EMBA 学员学习财报分析课程的案例参考书，又可以作为工商管理专业或会计专业本科生、研究生的课外参考书，更可以为信奉价值投资理念的普通投资者提供一个必备的方法论。

本书所收录案例全部为作者原创案例，案例所用公开资料基本是 2016 年度及之前的 10 年财报，部分公司的财报数据更新到 2017 年度的三季报。由于这些案例的研究是在 2017 年度内陆续完成的，所以，不同案例的时间截点各有不同。这些截点在每个单独的章末均有标注，以方便读者查询。有些数据会因截点的不同而有所差异，尤其是有关公司市值的数据，可以说时刻都会随市场的波动而变，所以，这些时间截点对查询市值数据是很有帮助的。本书所收录的这 15 个案例，绝大多数案例公司的股价在年内都有较大的涨幅，大家可以对照案例分析的要点与它们的市场表现，来分析公司财报与股价之间的关系，以帮助大家对公司和市场有更深入的理解与认识。

这本案例集得以付诸成书，并及时交付机械工业出版社出版发行，得益于我的学生和助理的帮助。上海师范大学副教授郭照蕊博士从头至尾，对书中的错漏进行了一一更正和修订。上海对外经贸大学研究生盛露小姐更是不辞辛劳整理、编辑了书中的绝大部分图表和数据。没有他们的帮助，这本书是不可能如期呈现在大家面前的。当然，由于成书时间仓促，书中缺陷和错误在所难免，这些缺陷和错误理应由作者本人承担，与他们的工作无关。

本书在成稿和出版过程中，还先后得到很多故交、好友的帮助。沈子文先生、钱敏女士、李伟先生、于献忠先生、张胜翔先生、华蕾女士、蒋中敏先生等，都为本书的出版提供过各种各样好的意见和建议，在此一并致谢！

最后，我要感谢我的授业恩师葛家澍教授！他是我人生和事业航程中的一盏明灯，没有他的指引，我至今可能仍在浩瀚的知识海洋里茫然无措。如果说今天我所做的这些工作对读者有些许价值的话，那要完全归功于葛家澍教授的正确教导和指引。为感谢老师的恩情，也为帮助更多的会计学子受益于葛家澍教授的思想光辉，本书所得版税收入将全部捐献给葛家澍会计教育与发展基金会，用于支持他未竟的事业。

愿天下众生分享我的功德、我的安详与我的和谐。愿你们享有幸福、快乐与安康的生活。

谢谢大家！

薛云奎

2018年2月4日星期日

# 自序

## 财报大揭秘

公司财报，是对公司商业活动及其结果的总结性陈述，它包括资产负债表、利润表（收益表）和现金流量表。这三大报表体系（报表及其附注）也是沟通公司管理层与外部利益关系人之间最主要的路径和桥梁。财报作为公司财富归属和分配的主要甚至是唯一依据，决定了它内在逻辑的严谨性和表述上的专业性。所以，对大多数没有财务和会计专业背景的人来说，要理解这份专业报告是有困难的。即使对那些具有财务、会计专业知识背景的专业人士来说，如果缺少工商业管理实践，要透彻地解读这份报告，依然会困难不少。因此，**利用财报分析来发现和了解公司的内在价值**[1]**，透过现象看本质，透过数字来理解公司的战略、运营、风险和绩效，提高投资效率和改善公司管理，均具有不可忽视的重大意义和价值。**

## 用案例讲方法

就我个人的经验而言，专业的财报分析至少包括两个层次的目标：一是财报分析的框架和方法；二是财报分析的内容和结果。就专业的分析框架和方法而言，大部分专业书籍都有提炼、归纳和总结，比如经典的杜邦分析法[2]。就财报分析的内容和结果而言，大部分专业书籍都会以各种案例的形式来呈现。但大部分专业书籍所采用的做法是用方法来讲案例，而很少用案例来讲方法。**本书则试图把重点放在案例上，方法只是为了说明案例而存在，而不是为了方法而方法。因此，我们既可以把这些案例当作故事来理解，也可以透过这些案例来学会分析的框架与技巧。**

## 案例本身是故事

不同的公司，它的战略构思、市场定位、管理效率、财务风险和经营业绩各不相同，创立、成长、发展与成熟的历程也各不相同。对一个案例公司的深入理解，既包括对它当年度财报本身所包含项目的透彻理解，又包括对它过去的历史，即一家公司过去的成长历程的理解。所以，我们绝大部分公司的案例分析，通常既包括当年的财报，也包括过去 10 年的财报。当然，有些案例公司成立及上市的时间尚不足 10 年，但我们也会将其放在一个尽可能长的时间周期内来解读它的发展、发现它的价值观。这一做法背后所隐含的逻辑不单纯是为了发现公司过去成长的规律以及它又如何延展至未来，同时，也是为了消除公司可能在时间维度上对公司财报的操控。因为绝大部分公司对销售、成本、费用、利润等指标的操控，很难维持一个较长的时间过程。因此，透过一个较长时间周期的分析，不仅可以使我们更加相信我们的结论；同时，也可以帮助我们更深入、系统、全面地了解和认识我们所要分析的对象，了解它的当下和历史，了解它的战略、运营和绩效，了解它的竞争优势与不足，了解它算不算是一家优秀甚至卓越的公司，以及它究竟有多优秀或者多卓越。

## 案例本身是方法

案例虽各有不同，但方法却大同小异。分析的困难并不在于对分析方法的理解和掌握，而在于对分析方法的恰当应用。也就是说，在什么样的案例中应当应用什么样的方法才最恰当，以及如何对这些方法所产生的结果下结论。我们相信，透过不同的案例所讲述的故事，可以帮助我们理解方法的相同和不同，从而学会专业的分析框架、方法与技巧。并且，能够用这些方法去解读自己感兴趣的公司。

## 透过现象看本质

那么，什么样的分析框架与方法才够得上是专业的框架和方法呢？例如，在分析和评判一家公司的过程中，应该从哪些方面切入？比方说如何评判一家公司的经营？如何评判它的管理？如何评判它的风险与绩效？又比如，在分析和评判一家公司的过程中，应该重点关注什么样的财务指标？是销售增长更重要，还是毛利更重要？是利润更重要，还是收入更重要？又比方说是资产周转率更重要，还是资产负债率更重要？再比如，在分析和评判一家公司的过程中，应该如何分析财务指标的质量？这个问题是最难的部分，但也是最有意思的部分。比方说我们大多数人都会看公司销售和利润增长，但又有多少人能看懂这种增长背后有没有质量呢？是有质量的增长，还是没有质量的增长？比方说销售是买来的增长,还是内生性增长[3]?利润是主营业务创造的利润,还是变卖家产获得的利润?利润是有现金支持,还是没有现金支持?这些分析都有关财务指标的质量,无论是定性分析[4]还是定量分析[5],无论是数量分析还是质量分析。所谓方法的专业性,一是在于它的效率和直截了当,二是在于它能"一针见血"地说明问题所在,透过现象切入到本质。

## 财报分析与内在价值

如果说财报分析是为了讲故事,那么,讲故事又是为了什么呢?明白这个道理至关重要。讲故事就是为了发现公司的内在价值。如果专业的财报分析不能以发现公司的内在价值为目标,那么,这样的财报分析就会丧失它本身的应有之义。**财报分析如果离开了公司内在价值这个核心,就等于失去灵魂的躯壳,不过是徒有其表的"行尸走肉"。所以,财报分析要有智慧,就必须与价值投资联系在一起。**

## 投资与投机的分别

何为投资?何为投机?同样是买股票,为什么有的人是投资,而另一些人则是投机?如何评判投资与投机的区别?有人说,区分投资还是投机,关键是看买股票是为了长期持有还是短期炒作。如果是长期持有,就是投资;如果今天买明天卖,那就是投机。其实不然。投资与投机的区分没那么简单,有的人买股票,一不小心被套了十年八年,持有期够长的了,但那算不算是投资呢?其实不算。

有的人认为大钱是投资,小钱是投机。机构玩的都是大钱,所以,它们代表的是投资;个人散户,小钱而已,玩玩儿,只可能是投机,不可能是投资。其实这又不然。投资与投机,跟钱多钱少无关。又有人说，我买的是银行，是大盘绩优蓝筹[6]，所以我是投资，不是投机。其实，这又不然。因为投资与盘大盘小无关。

那么，说来说去，投资与投机的差别究竟在哪儿？其实，要明白二者间的差异也不难。投资与投机的差别关键在理念、在动机，在一个人的内心。买股票的动机是什么？巴菲特说过：如果买股票是买的投资，你会更加关注你所投资的这家公司未来的产出，也就是这家公司未来能够产生的利润或现金流。如果你只关注这家公司的股票价格涨涨跌跌而不关心这家公司未来是否能够赚钱、赚多少钱，那么，你就是在投机、在赌未来，而不是投资未来。

当一家公司的市场价值远远超越它未来10年或者100年所能够创造的利润或现金流时，这家公司的股票就被严重高估了；反之，它就被低估了，是买入的好时机，即使你是今天买明天卖，那也同样是投资而非投机。

如果市场上的投资者更关注一家公司未来能够产生的利润和现金流，这样的市场就是一个理性的投资市场，市场上的公司价值也就不容易背离它自身的内在价值。如果市场上的参与者更关注一家公司股票的涨跌，那么，这样的市场投机气氛则比较浓，市场价格就会扭曲和背离它的内在价值。

理性、健康和可持续发展的证券市场，是那些市场上的参与者或者说绝大部分参与者具有价值投资的理念、追求价值投资的市场。市场上的股票是因为公司成长而涨上去的，而不是市场上的参与者把它炒上去的。炒上去的股价不可能持续，只有持续成长的公司，其股票价格才能够持续上涨。那么，如何才能判断公司有没有投资价值？这就需要专业的财报分析工具和方法，来系统地解读公司财报。

## 财报是不完美的存在

当然，仅有好的工具和方法还不够，还得有好的信息，要有高质量的财报。但世间事没有完美，如果信息是完全对称的、高质量的、有效的，那么，分析方法也就没什么用处了。任何时候的信息都是不完善的，本书所选用案例的分析，只利用公司公开发布的信息，不利用内幕或私下道听途说的信息。那么，完全利用公开信息的分析，其结论是否有效呢？关于这一点，我暂时不下结论，也不做评论，我想留待大家学习完后自己去做判断。总之，坚持利用公开信息，是本人的初衷和基本立场。因为我不希望对市场上的任何股票或公司做任何臆测或商业性的推荐，也不希望任何人或任何机构对此有任何怀疑。我希望所有结论都是经得起公开信息的推敲和检验的。

## 投资需要对自己的钱负责

做投资，尤其是理性投资，需要对自己的钱负责。所谓负责，就是在用我们自己的辛苦所得从事股票投资的时候，学会理性分析和研究，只投资那些自己熟悉的、自己认为有投资价值的公司，而非只是因为一个电话、一条短信，或一个朋友圈的消息就做决定。那样的决定是草率的，那样的决定是对自己的钱不负责任。如果仅凭一条消息就能赚钱，那投资就变成了世界上最简单的职业，炒股票赚钱也就太容易了，只要在证券市场上开个户，人人都能成为百万富翁。我只能说，这样的百万富翁只是梦想，这样的投资策略，输是大概率事件，赢是小概率事件，只能寄希望于前世积德。学会价值投资，学会财报分析，是投资成功的关键，是只赢不输或少输的关键。

### 平等心

以上这些，就是我对财报分析与价值投资的理解。我希望我们将要解读的这些案例都各有特点，能够透过这些特点来展现同一分析方法在不同案例中的魅力，以及不同方法在不同案例中的个别应用。虽然我们的分析并不针对已经第三方审计机构[7]审计过的、公开披露的公司财报信息质量，但专业的财报分析免不了仍然要对公司财报的信息质量做判断。

需要强调的是，我们的这种判断只是为了分析公司的内在价值，而非为了揭露公司的会计舞弊[8]或会计假账[9]。如果万一有案例公司不小心"躺枪"，给当事的公司或当事人造成困扰或伤害，那我要先说声抱歉。因为我们的初衷只是基于绝对的平等心和客观事实，就事论事，而非怀有任何恶意地主观判断。当然，我自己也深知，要做到完全的客观、理性、中立非常困难。但无论如何我都会往这方面努力，我希望有关案例的所有结论都是独立的、客观的、公允的、经得起推敲和时间检验的。

薛云奎

2017 年 4 月 1 日星期六成稿于上海

2017 年 6 月 20 日星期二修改于温哥华

2018 年 1 月 12 日星期五修改于上海

目录

前言
自序

# 01
## 老板电器：教科书式的增长

1.1 股价与市值：以茅台和五粮液为例    2
1.2 老板电器：高估还是低估    3
1.3 穿透式分析三步曲    4
1.4 专业的财报分析方法：四维分析法    6

# 02
## 平高电气：创新 vs. 垄断

2.1 高压开关行业龙头    18
2.2 大股东变更：国家电网入主    18
2.3 购并增长：行业整合    19
2.4 竞争力增强，销售毛利率提升    22

| | | |
|---|---|---|
| 2.5 | 管理效率稳中有升 | 23 |
| 2.6 | 财务风险稳中有降 | 25 |
| 2.7 | 业绩层面不尽如人意 | 27 |
| 2.8 | 简要结论 | 29 |

# 03

## 小天鹅：曾经的丑小鸭

| | | |
|---|---|---|
| 3.1 | 小天鹅的前世与今生 | 32 |
| 3.2 | 改革与调整 | 33 |
| 3.3 | 经营层面：持续增长 | 34 |
| 3.4 | 业绩层面：持续改善 | 37 |
| 3.5 | 管理层面：效率驱动 | 38 |
| 3.6 | 财务层面：稳健适中 | 42 |
| 3.7 | 资本与回报：典型的"白马股" | 43 |
| 3.8 | 简要结论 | 44 |

# 04

## 吉林敖东：偏财旺旺

| | | |
|---|---|---|
| 4.1 | 奇葩的税后净利润 | 48 |
| 4.2 | 稳健的经营状态 | 48 |
| 4.3 | 稳中有降的管理效率 | 50 |
| 4.4 | 资质一般的财务水平 | 54 |
| 4.5 | 可持续的"偏财" | 55 |
| 4.6 | "纸面富贵"的业绩 | 56 |
| 4.7 | 简要结论 | 58 |

# 05

## 福耀玻璃：把生意做成事业的公司

| | | |
|---|---|---|
| 5.1 | 专注于汽车玻璃 | 62 |
| 5.2 | 主营业务利润突出 | 62 |
| 5.3 | 销售增长稳定 | 63 |
| 5.4 | 净利润有现金保障 | 64 |
| 5.5 | 经营稳健 | 65 |
| 5.6 | 管理平和 | 66 |
| 5.7 | 财务风险偏低 | 70 |
| 5.8 | 高额现金股利 | 72 |
| 5.9 | 简要结论 | 73 |

# 06

## 晨鸣纸业：大股东增持

| | | |
|---|---|---|
| 6.1 | 造纸行业龙头 | 76 |
| 6.2 | 主营业务利润暴增 | 77 |
| 6.3 | 纸浆价格上涨推升公司销售 | 78 |
| 6.4 | 净利润有现金支持，但波动较大 | 78 |
| 6.5 | 经营层面：靠天吃饭 | 79 |
| 6.6 | 管理层面：资产膨胀 | 83 |
| 6.7 | 财务层面：负债率偏高 | 87 |
| 6.8 | 业绩层面：不尽如人意 | 89 |
| 6.9 | 简要结论 | 89 |

## 07

### 世茂股份：盈利丰厚但增长乏力

| | | |
|---|---|---|
| 7.1 | 高端商业地产开发商 | 92 |
| 7.2 | 经营层面：稳定但不增长 | 93 |
| 7.3 | 管理层面：自持物业升值潜力 | 98 |
| 7.4 | 财务层面：稳健、保守 | 101 |
| 7.5 | 业绩层面：长期偏低 | 103 |
| 7.6 | 简要结论 | 104 |

## 08

### 东阿阿胶：成功的经营，保守的财技

| | | |
|---|---|---|
| 8.1 | 中国滋补养生第一品牌 | 108 |
| 8.2 | 主营业务突出 | 109 |
| 8.3 | 管理专业，但存货高企 | 113 |
| 8.4 | 财务稳健、保守 | 117 |
| 8.5 | 业绩优良、持续 | 119 |
| 8.6 | 简要结论 | 120 |

## 09

### 宁波华翔：一家深具野心的小公司

| | | |
|---|---|---|
| 9.1 | 汽车零部件总成模块化供应商 | 124 |
| 9.2 | 经营层面：海外兼并，国内布局 | 125 |
| 9.3 | 管理层面：扩张谨慎，效率稳定 | 130 |
| 9.4 | 财务层面：负债上升，风险可控 | 134 |

| | | |
|---|---|---|
| 9.5 | 业绩层面：利润丰厚，估值偏低 | 136 |
| 9.6 | 简要结论 | 137 |

# 10
## 中泰化学：挡不住的财源

| | | |
|---|---|---|
| 10.1 | 新疆氯碱供应商 | 140 |
| 10.2 | 经营层面：利润暴增 | 141 |
| 10.3 | 管理层面：资产过重 | 147 |
| 10.4 | 财务层面：政策性优惠 | 151 |
| 10.5 | 业绩层面：难有突破 | 152 |
| 10.6 | 简要结论 | 154 |

# 11
## 汤臣倍健：急于求成的商业模式

| | | |
|---|---|---|
| 11.1 | 有特点的保健食品供应商 | 156 |
| 11.2 | 经营层面：全球采购，国际配方，国内销售 | 156 |
| 11.3 | 管理层面：购并导致资产规模快速膨胀 | 162 |
| 11.4 | 财务层面：资本过剩，资本成本高企 | 167 |
| 11.5 | 业绩层面：净利润具有较高的含金量 | 168 |
| 11.6 | 简要结论 | 171 |

# 12
## 恒瑞医药：一家股价上涨 55 倍的制药公司

| | | |
|---|---|---|
| 12.1 | 中国人的专利制药企业 | 174 |

| | | |
|---|---|---|
| 12.2 | 产品销售分析 | 174 |
| 12.3 | 核心能力描述 | 176 |
| 12.4 | 财务业绩描述 | 177 |
| 12.5 | 主要问题或不足 | 183 |

## 13

## 科大讯飞：风险巨大

| | | |
|---|---|---|
| 13.1 | 科大讯飞：股市上的大公司，财报上的小公司 | 188 |
| 13.2 | 概念・技术・生意・业绩 | 188 |
| 13.3 | 科大讯飞的财务业绩：表面光鲜，含金量低 | 189 |
| 13.4 | 科大讯飞的管理团队：擅长融资，不擅长盈利 | 194 |
| 13.5 | 科大讯飞：管理效率随规模扩张而下降 | 195 |
| 13.6 | 简要结论 | 199 |

## 14

## 腾讯控股：世界还很大

| | | |
|---|---|---|
| 14.1 | 腾讯控股及其定位 | 206 |
| 14.2 | 腾讯控股的骄人业绩 | 209 |
| 14.3 | 腾讯控股的瑕疵与不足 | 214 |
| 14.4 | 世界还很大，一切只是刚刚开始 | 218 |

## 15

## 百富环球：战略转型已成燃眉之势

| | | |
|---|---|---|
| 15.1 | 一家专业经营 EFT-POS 终端机解决方案的供货商 | 222 |

| | | |
|---|---|---|
| 15.2 | 经营层面：面对电子支付挑战，销售增长受阻 | 223 |
| 15.3 | 管理层面：现金充裕，经营风险较低 | 225 |
| 15.4 | 财务层面：偿债能力很强，财务风险较低 | 228 |
| 15.5 | 业绩层面：小巧精致，市场估值偏低 | 229 |
| 15.6 | 简要结论 | 230 |

尾注　　　　　　　　　　　　　　　　　　　232

# 01 / 老板电器

## 教科书式的增长

## 1.1 股价与市值：以茅台和五粮液为例

认识和了解一家公司，什么指标是第一重要的指标？我认为最能够代表一家公司规模和影响力的指标是它的股票市值。也就是说，这家公司的股票卖多少钱。虽然大家也都关心公司股票的价格，但通常比较容易犯的一个错误是只关心股票的单价而忽视它的总价。比方说经常有人会问，贵州茅台股价多少？我说一股要400元，很多人立马会说，那太贵了。五粮液股价多少？我说一股要40元，他说，还好，五粮液比较便宜。我真的很好奇，为什么一听单价就能判断孰贵孰贱？这结论背后的逻辑究竟是什么？

一家公司的贵贱，真的可以用股票单价来衡量吗？如果可以，被世人尊为股神的巴菲特的公司（伯克希尔 – 哈撒韦公司），股票就没人敢买了，因为它的每股单价已高达20万美元。其实，用股票单价来比较贵贱，是个显而易见的错误，因为这忽视了公司股份的数量。有的公司股票拆得很细[10]，有的公司则不愿意送股，背后代表的价值很大。人们的这种比单价的错误观念，给那些试图用股票单价来操控公司股价和投资者行为的投机者以可乘之机。惯用的伎俩是，先把股票炒到每股300

元，再来个 1 股送 10 股，就是通常所说的高送转[11]，把股价拆细到每股 10~20 元。在某种程度上，这其实是一种可耻的欺骗行为，通常都隐藏了不可告人的出货或大股东减持的秘密。我希望大家阅读完本书后明白，股票不是白菜，比较每股单价是毫无意义的。

比方说有两家质量、规模、发展速度相同的公司，今年的股票价格都是 100 元，可前者在年底的时候每 10 股送 10 股，而后者则没有送股，那么，送股的公司股价变成了 50 元，而没送股的公司股价仍然是 100 元，难道你会认为 50 元的公司比 100 元的公司更具有投资价值吗？可能很多人会这样决策，买 50 元而不是 100 元的公司。当然，我也无法反对你的决策行为，因为你用的是自己的钱，但我只想说这种决策是非理性的决策。如果这样的决策也能帮你赚钱致富，要么是市场疯了，要么是我疯了。一家公司究竟该值多少钱并不取决于它的单价，而是取决于这家公司在未来能够赚取多少利润，把未来所赚取利润折现才应当是它的内在价值。

茅台目前的市值[12]近 4 900 亿元，2016 年度的净利润是 133 亿元，两相比较，它的市盈率[13]是 30 多倍；相较之下，五粮液的市值是 1 600 亿元，2016 年度的净利润是 70 亿元，两相比较，市盈率是 20 多倍。如果我们仅仅依据 2016 年度的信息来决策，那么，五粮液的性价比要好于茅台。但如果这样，我们对公司的认知便有很大的局限。因为它们谁更具有投资价值不取决于过去赚了多少钱，而是这两家公司将来究竟谁更赚钱，谁的增长更快，这才是决定其股价涨跌的关键性要素。

关于股票价格究竟如何决定，我们暂时就讨论这些，下面让我们用穿透式的财报分析方法来发现老板电器的内在价值。

## 1.2　老板电器：高估还是低估

老板电器目前的市值是多少呢？大约 340 亿元。那么，它目前的价格是低了还是高了,未来是否还有升值空间?要回答这个问题,首先必须要关注它的财报。

老板电器发布的 2016 年度财务报告显示,2016 年度的销售收入大约是 58 亿元,净利润 12 亿元。340 亿元市值,12 亿元净利润,市盈率还不到 30 倍,那么,这是否意味着这家公司的股票价格被高估了呢?这只是一个很粗的轮廓性的理解,要真正读懂这家公司,了解它未来的战略、运营、风险和绩效,我们就必须穿透这家公司的财报,来发现它背后的商业秘密。

## 1.3 穿透式分析三步曲

### 1.3.1 穿透式分析第一步:利润及其构成分析

既然利润是影响股价的重要因素,那么,利润的含金量[14]就至关重要。穿透式分析第一步:分析公司 12 亿元净利润的构成和来历。

在它的税前利润 14.04 亿元中,所得税 1.97 亿元,实际所得税率[15] 14.06%,略高于上市公司的平均实际所得税率[16]。在税前利润 14.04 亿元中,源自银行存款的利息收入约 0.78 亿元,源自营业外收支的净额约 0.7 亿元,也就是说,在 14.04 亿元利润总额中,有大约 1.48 亿元的利润源自非主营业务。

公司营业外收支净额 0.7 亿元,主要源自政府补贴收入,大部分系公司参与地方政府招商引资所获得的项目补贴收入。主营业务利润占税前总利润的 89%。其中,存款利息是公司期末大量的账面货币资金余额引起的,约 35 亿元,占期末总资产的 54%,也就是说,公司一半以上的资产是现金。

老板电器主营业务利润占比如图 1-1 所示。

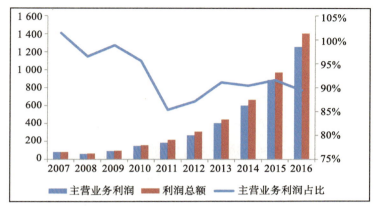

图 1-1　老板电器主营业务利润占比 [17]

## 1.3.2　穿透式分析第二步：销售及其构成分析

老板电器是一家从事家电厨卫生产和销售的专业化公司，其主要产品包括三大系列：油烟机、燃气灶和消毒柜。这家公司截至昨天的收盘价，其市值为 343 亿元。89% 的主营业务利润主要来自三大产品的销售实现。其中：吸油烟机销售 32 亿元，占年度销售收入的 56%；燃气灶销售 16 亿元，占年度销售收入的 28%；消毒柜 4.2 亿元，占年度销售收入的 7%；其他产品如蒸汽炉、微波炉及其他小家电，销售几乎可以忽略不计。

老板电器销售产品构成如图 1-2 所示。

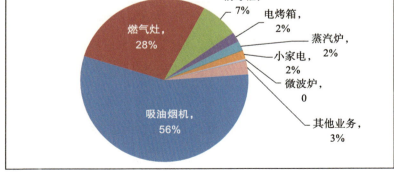

图 1-2　老板电器销售产品构成 [18]

### 1.3.3 穿透式分析第三步：净利润的现金含量

公司税后净利润12.06亿元，是否有足够的现金保证呢？如果公司的利润有现金支持，我们会认为它的利润有含金量，如果它的利润没有经营活动净现金支持，那么，它的利润就很可能是纸面富贵，这是利润穿透式分析中的重要一环。

比较它的利润表和现金流量表可以发现：它的经营活动现金净流入15.46亿元，远远超出它的账面净利润12.06亿元。这不仅说明公司的净利润是有净现金支持的，而且说明公司非常注重效率管理和净现金管理。

老板电器利润现金保障倍数如图1-3所示。

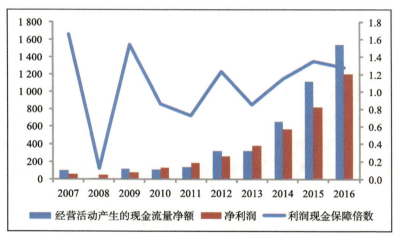

图1-3 老板电器利润现金保障倍数

透过以上几个指标的粗浅分析，我们或许可以有一个初步结论：这是一家业绩非常优良、利润含金量很高的公司。

## 1.4 专业的财报分析方法：四维分析法

单就利润的质量而言，以上三步穿透式的分析方法已经可以过滤大部分的风险。但要全面、系统、深入地理解一家公司是否具有长期投资价值，简单的利润构成分析是远远不够的，我们需要学会使用四维分析法，也就是分别从经营层面、管理层面、财务层面和业绩层面四个维度去分析和评价一家公司。老板电器是我们应用这一分析框架的第一个案例，这之后还有14家上市公司的案例。

### 1.4.1　经营层面分析

经营是指企业向消费者交付产品或服务的过程，以及与之相关联的活动。经营的目标是使公司的产品或服务与顾客期望达成一致，并得到更多顾客的认同。因此，经营分析的重点是看销售收入的构成及其增长、产品的市场定位和企业经营的理念及其品牌影响力。

#### 1. 成长性：销售及其增长分析

同上年度比，公司2016年度销售收入增长率[19]28%，净利润增长率46%，完全符合预期，净利润增长甚至远超预期。纵观过去5～10年，公司销售的复合增长率基本都维持在30%左右，保持了较快的增长速度。公司销售规模也从10年前的7.38亿元，增长到目前的58亿元，净利润从6 000万元增长到目前的12亿元。这种教科书式的稳健增长，在3 000多家上市公司中并不多见。公司自2010年上市以来，股价已增长了550%[20]。

老板电器销售收入及净利润如图1-4所示。

#### 2. 市场定位：销售毛利率分析

毛利率代表公司产品的差异性和市场竞争力。公司2016年度的综合销售毛利率57%，略低于2015年（58%）的水平，但遥遥领先于格力（32%）、海尔（31%）和美的（27%）的毛利水平。

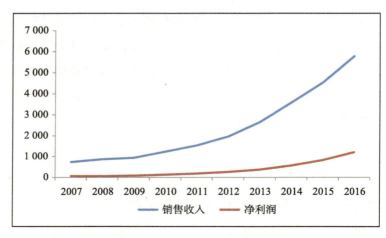

图 1-4 老板电器销售收入及净利润

同行业销售毛利率指标如表 1-1 所示。

表 1-1 同行业销售毛利率指标

|  | 2016 年 | 2015 年 |
| --- | --- | --- |
| 老板电器 | 56.80% | 57.74% |
| 格力电器 | 31.80% | 31.94% |
| 美的集团 | 26.81% | 25.35% |
| 青岛海尔 | 30.62% | 27.64% |

### 3. 品牌影响：销售地域分布分析

从销售地域来看，华东地区销售 36 亿元，占整体销售的 60% 以上。但华北（10%）、华中（6%）和西南（5%）也不甘落后，在全国其他地区均有一定量的销售覆盖，说明这是一家以华东为根据地且有全国性品牌影响的公司。海外销售 1 300 万元，虽较上年（2015 年）有较大幅度的增长，但相对于 58 亿元的总销售来说，几乎可以忽略不计。或许未来的增长不可限量，但从目前来看，公司国际化的道路还任重道远。

老板电器销售分布如图 1-5 所示。

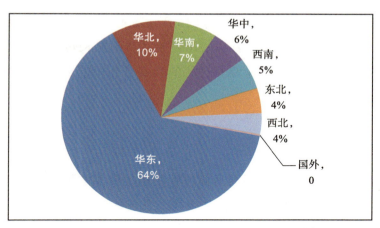

图 1-5　老板电器销售分布

### 4. 经营理念：营销 vs. 研发

公司经营理念主要表现为两个方面：对营销的重视程度和对研发的重视程度。

首先，分析销售费用：公司 2016 年度，在销售费用上的投入高达 15.5 亿元，较上年增长 14%，销售费用的增长慢于销售收入的增长（28%），这也成就了公司净利润的高速增长。

老板电器销售费用增长如图 1-6 所示。

图 1-6　老板电器销售费用增长

其次，分析研发费用：公司2016年度的研发投入1.95亿元，较上年度的1.5亿元增长29%，表明公司开始从营销见长转向更加重视产品品质和差异性提升，这种策略和理念的转变给公司未来赋予了非常丰富的想象空间。

### 1.4.2　管理层面分析

管理是指企业在实现经营目标过程中相关资源的配置与协调。管理的目标是达成投入与产出效率的最大化，它包括：资产及其配置的优化，资产利用效率和人均产值（收入）分析等。结合老板电器的特点，我们着重看它的效率和风险。

#### 1. 看效率看什么

看效率就是看它的周转率。资产是一家公司的投入，销售是一家公司的产出，投入产出比也就是公司的效率。2016年度，公司销售收入58亿元，总资产64亿元，资产增长率与销售增长率（27.6%）基本保持了同步，接近28%。

换言之，公司管理效率没有提升，略有降低，基本保持在1年1次或者接近1（0.9）次的水平。当然，看公司管理效率，仅看总资产周转率还是远远不够的，特别是对制造业公司来说，尤其需要重点关注公司的存货周转率和应收款项周转率。

首先，分析存货周转率[21]。2016年度，公司存货周转率2.7次，略高于2015年度2.63次的水平。其次，分析应收款项（含应收票据）周转率[22]。2016年度，公司应收款项周转率5.98次，远高于2015年度4.86次的水平，说明公司应收款项的催收有重大改善，这也是公司2016年度经营活动净现金远高于账面净利润的重要原因之一。

老板电器周转率如表1-2所示。

表 1-2  老板电器周转率

| | 2007年 | 2008年 | 2009年 | 2010年 | 2011年 | 2012年 | 2013年 | 2014年 | 2015年 | 2016年 |
|---|---|---|---|---|---|---|---|---|---|---|
| 存货周转率 | 2.12 | 2.18 | 2.15 | 2.27 | 2.50 | 2.88 | 2.69 | 2.82 | 2.63 | 2.71 |
| 应收款项周转率 | 8.55 | 6.37 | 5.86 | 5.86 | 5.05 | 4.30 | 4.51 | 4.56 | 4.86 | 5.98 |
| 资产周转率[23] | 1.80 | 1.75 | 1.44 | 0.73 | 0.80 | 0.84 | 0.95 | 0.99 | 0.90 | 0.90 |

### 2. 看风险看什么

看风险，核心是看它的资产布局和资产质量。一家公司的资产布局，有经营过程中的被迫因素，如存货管理、应收款项管理；但也有战略上的差异，比如，轻资产公司喜欢租赁资产，重资产公司喜欢购买资产。一时之间，很难比较孰优孰劣。但明白其中之风险或利得，自然也是报表分析中不可或缺的重要环节。

老板电器算是一家重资产公司还是轻资产公司呢？所谓资产的重，是指它的变现难度较大；所谓资产的轻，是指它的资产很容易变现。那么，谁的经营风险大呢？这显然是一目了然的问题。老板电器的现金资产超过50%，所以，它是一家资产很轻的公司。公司2016年度厂房设备等非流动资产占比仅16%，远低于上年20%水平。总体上来说，非流动资产占比非常低，而且，非流动资产占比还在进一步降低，说明公司经营风险随着资产结构的变化还在进一步下降。

老板电器非流动资产占比如图1-7所示。

看公司管理风险的另一个维度是看资产的质量，也就是看它的可变现能力，这既包含会计政策的稳健性，也包含资产的市场变现能力。公司有些资产，如果专用性太强，即使会计政策稳健，它的可变现能力也会很差，有价无市。一项资产的账面价值100元，如果能够在市场上变现为超过100元的现金，我们说这样的资产是有质量的资产。反之，则是资产质量存疑。例如，应收账款的可收回程度和计提的坏账比率，便决定了应收账款的质量。公司一年期以内的应收账款占应收账款总额的97%，并且5年以上的应收账款已经全额计提坏账，所以，公司应收账款的风险非常低。与此同时，在公司非流动资产部分，商誉及长期待摊费用等虚化资产的账面价值为零，所以，公司也不存在这样的资产质量风险。

图1-7 老板电器非流动资产占比

老板电器应收账款账龄构成如表1-3所示。

表1-3 老板电器应收账款账龄构成

| 账龄 | 应收账款 | 坏账准备 | 计提比例 | 占应收账款总数比值 |
|---|---|---|---|---|
| 1年以内 | 340.12 | 17.01 | 5.00% | 96.80% |
| 1~2年 | 7.11 | 0.71 | 10.00% | 2.02% |
| 2~3年 | 1.00 | 0.20 | 20.00% | 0.29% |
| 3~4年 | 2.33 | 1.16 | 50.00% | 0.66% |
| 4~5年 | 0.60 | 0.48 | 80.00% | 0.17% |
| 5年以上 | 0.21 | 0.21 | 100.00% | 0.06% |
| 合计 | 351.36 | 19.76 | | 100.00% |

### 1.4.3 财务层面分析

财务是指与企业经营、管理相一致的资本结构安排与财务风险控制活动。财务的目标是建立资本成本与财务风险之间的平衡。它包括：资本结构安排与优化，负债结构安排与优化，短期偿债风险的控制。财务层面的分析包含两个要素：财务风险可控和资本成本最低。

**1. 资产负债率分析**

公司财务风险的衡量主要看负债水平，也就是负债率。负债率越高的公司，财务风险越大；反之，则越小。当然，负债率越高的公司，往往资本成本[24]越低，因为负债的成本理论上低于股东权益的成本。有的人认为股东的钱不用付利息，所以，便误认为股东的钱没有成本，其实这是误解。股东权益的成本就是股东的期望回报，这个问题比较复杂，我们不便在这本书中讨论，我只是给大家一个印象，股东的期望回报理论意义上要远高于债权人对债务利息的回报要求。债权人往往要求固定的利率回报，所以，负债的成本是有限的。一家公司负债的比重越大，就意味着它使用了越多便宜的资本。因此，它的加权平均资本成本会偏低。反之，如果公司使用越多股东的钱，其资本成本也就越大。大家只要明白这个道理就可以了，不必了解如何去计算。

公司 2016 年度的负债率[25]36%，相较于上一年度（37%），略有降低，这意味着公司总体财务风险偏低，而且有所下降。

老板电器资产负债率如表 1-4 所示。

表 1-4 老板电器资产负债率

|  | 2007 年 | 2008 年 | 2009 年 | 2010 年 | 2011 年 | 2012 年 | 2013 年 | 2014 年 | 2015 年 | 2016 年 |
|---|---|---|---|---|---|---|---|---|---|---|
| 负债合计 | 268.17 | 154.91 | 226.57 | 313.34 | 409.36 | 591.42 | 761.08 | 1 144.43 | 1 860.36 | 2 289.96 |
| 资产合计 | 409.76 | 494.95 | 648.44 | 1 684.39 | 1 919.39 | 2 332.28 | 2 802.79 | 3 625.83 | 5 026.64 | 6 415.20 |
| 资产负债率 | 65.45% | 31.30% | 34.94% | 18.60% | 21.33% | 25.36% | 27.15% | 31.56% | 37.01% | 35.70% |

## 2. 资本成本分析

公司资本成本的衡量除了看公司股东权益的比重之外，还要看它有息负债的比重。公司在银行及其他金融机构以有偿的方式取得的借款，是有息负债；但在往来过程中，占用经销商和供应商的货款，则是无息负债。上下游占款的比重越高，公司的资本成本越低，同时也意味着公司在上下游公司中的讨价还价能力越强。老板电器自2010年年底上市以来，截至目前，未曾取得任何银行或金融机构的借款，也没有任何增发、配股或其他向股东和债权人的融资行为。这一方面表明，公司资本充裕，不缺钱；但另一方面也表明，公司没有利用好资本市场这个平台，改善公司资本结构，降低公司资本成本。在过去5年中，公司资产负债率在没有任何借款的前提下，连续升高，从上市当年的18%上升到目前的36%，充分表明在过去几年，随着规模和品牌影响力的扩大，公司在上下游谈判能力的增强。

老板电器资产负债率如图1-8所示。

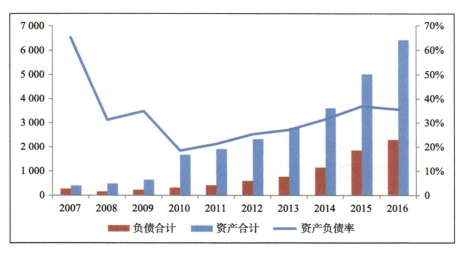

图1-8 老板电器资产负债率

从总体上来说，公司财技偏于保守，还有较大的提升和改善空间。

如果公司赚取的利润实在没有合适的投向，完全可以通过高额分红的方法，提高股东的现金红利回报，改善公司财务状况，提升理财技巧。

### 1.4.4 业绩层面分析

业绩是指与公司产出相关的财务计量及相关利益分配活动，其旨在建立相关利益方的利益均衡。它包括：净利润及其构成，经营活动现金净流入，所得税率和股东权益报酬率。

看公司业绩，除前述提到过的净利润和净现金之外，另外一个重要的维度就是股东回报。股东回报也就是股东每投入 100 元，能取得多高的净利润回报。老板电器的股东权益报酬率在过去 10 年，基本保持了持续稳定的上升势头。2016 年的股东回报率也就是通常所说的净资产收益率[26]高达 29%，2015 年度为 26%，2014 年度为 23%。如果公司能够扩大分红的比例，降低公司资本结构中的股东权益比重，增加负债比重，公司股东回报还有很大的提升空间。

老板电器 ROE 指标如图 1-9 所示。

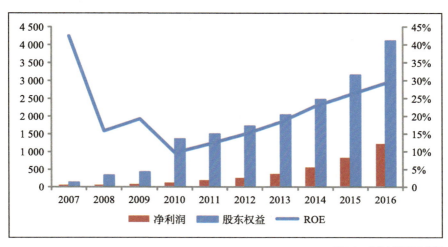

图 1-9　老板电器 ROE 指标

以上就是对老板电器财务报表四维分析的全部内容。希望大家通过以上分析框架、思路和步骤，对穿透式财报分析有一个初步的认识，也希望大家透过这个分析，对老板电器的经营、管理、财务和风险有更全面、更深入、更系统的了解和认识。当然，这种认识是基于过去年度的财报分析得出的，对于老板电器的估值，也就是说它目前的市场价格是高估了还是低估了，还需要对老板电器未来发展的预测。只有基于公司未来发展的预测，才能对公司予以适当的定价。对过去财报的分析是预测的重要基础，但它本身还不能代替预测，而预测则超出了本书的范畴，在此不予详细讨论。

薛云奎<br>
2017年3月31日星期五于上海下沙<br>
2018年1月12日星期五修改于上海

# 02 / 平高电气

创新 vs. 垄断

## 2.1 高压开关行业龙头

平高电气是一家从事高压、超高压、特高压开关及电站成套设备研发与制造的专业化公司。2016年销售收入近90亿元（88.7亿元），其中，高压板块的销售收入近55亿元，中低压及配网板块约15亿元，国际业务板块约10亿元，运维服务板块及其他8.65亿元。它是我国高压开关行业内第一家通过中科院和科技部"双高"认证的高新技术企业。公司员工总数5 700人，一半以上（55%）的员工拥有大专以上学历。

在代表了高压开关行业最高技术水平和发展方向的特高压领域，公司已经通过自主创新走在了行业前列。800kVGIS、1 100kVGIS的自主成功研制和供货，打破了国际上少数几家企业对特高压开关设备制造的垄断局面，为我国特高压输变电线路建设提供了经济可靠的自主设备保障。

## 2.2 大股东变更：国家电网入主

2009年，平高电气的控股权经无偿划拨，由变更前的平顶山市国资委变更为国家电网国际技术装备有限公司。虽说都是国有控股,但从销售业绩来说,前后却"判若两人"。2007 年,其销售收入为 17.49 亿元,至 2009 年,增长至 23.40 亿元,平均复合增长率[27]15.67%。公司划拨国家电网之后,2010 年的销售收入略有下降,为 20.76 亿元,这或许是因为公司控股权变更所带来的波动。但之后的销售却保持了较快增长,至 2016 年,销售收入增长至 88.7 亿元,8 年(2009~2016 年)的平均复合增长率达到 20.96%。那么,这是否是有质量的增长呢?

平高电气销售收入如图 2-1 所示。

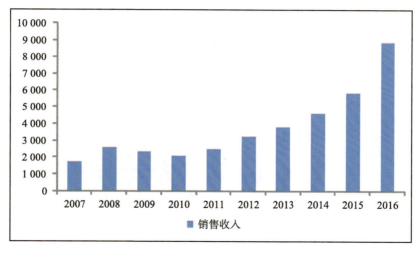

图 2-1　平高电气销售收入

## 2.3　购并增长:行业整合

销售收入的增长质量,可以区分为内生性增长和购并增长两种不同的模式。相对于购并增长而言,公司依靠自身能力所形成的内生性增长是比较有质量的增长;而购并增长,主要是依靠行业整合买来的增长。所以,在增长的质量上,购并增长要打折扣。

### 2.3.1 销售及其增长分析

根据公司 2016 年度财报,销售收入 88.7 亿元。其中,50.38 亿元由母公司贡献,另外 38.3 亿元则因合并形成。从母公司的报表看,公司在过去几年销售虽有增长,但并不显著。销售收入增长主要源自于购并所引起的合并增长,母公司对合并收入的贡献度从 2011 年度的 100% 逐步下降为 2016 年度的 57%;也就是说,这其中有差不多一半的增长,源自近几年行业整合与购并。

平高电气母公司收入占比如图 2-2 所示。

图 2-2 平高电气母公司收入占比

### 2.3.2 利润及其增长分析

影响收入增长质量的另一个因素是净利润的增长。2016 年度,公司税后净利润 12.65 亿元,税前 15 亿元,所得税 2.35 亿元,实际所得税率 15.68%,略高于上市公司的平均水平。在税前利润 15 亿元中,几乎全部来自主营业务贡献,投资利得及营业外收支净额的贡献差不多在

1 000万元左右，几乎可以忽略不计。这表明公司利润有较强的可持续性。

平高电气非主营业务利润构成如表2-1所示。

表2-1 平高电气非主营业务利润构成

| | 2007年 | 2008年 | 2009年 | 2010年 | 2011年 | 2012年 | 2013年 | 2014年 | 2015年 | 2016年 |
|---|---|---|---|---|---|---|---|---|---|---|
| 营业外收入 | 10.65 | 12.52 | 12.05 | 26.87 | 35.54 | 5.15 | 9.98 | 34.04 | 30.81 | 17.78 |
| 营业外支出 | 2.23 | 6.1 | 2.63 | 8.75 | 8.5 | 3.24 | 0.26 | 17.77 | 11.6 | 9.95 |
| 营业外收支净额 | 8.42 | 6.42 | 9.42 | 18.12 | 27.04 | 1.91 | 9.72 | 16.27 | 19.21 | 7.83 |
| 投资净收益 | 143.3 | 120.97 | 127.71 | 0.15 | 15.91 | 27.66 | 27.89 | 50.19 | 0 | 2.09 |
| 非主营业务利润 | 151.72 | 127.39 | 137.13 | 18.27 | 42.95 | 29.57 | 37.61 | 66.46 | 19.21 | 9.92 |

然而，在主营业务利润中，由母公司利润贡献10.56亿元，占合并利润的83%；换言之，公司购并在目前更多带来的只是销售收入的增长，并没有能够转化为净利润的同步增长。公司利润增长主要源自于母公司销售毛利率的提升。

平高电气母公司利润占比如图2-3所示。

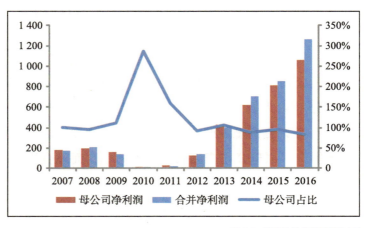

图2-3 平高电气母公司利润占比

## 2.4 竞争力增强，销售毛利率提升

平高电气的销售毛利率，大体可以分为两个阶段：2010 年之前的销售毛利率基本维持在 20%～22%，而在 2011 年及其之后，毛利率逐年提升，直至 2016 年度的 28%，2015 年度则更是高达近 30%。2016 年的毛利率之所以有所下降，是因为公司新购并板块产品的盈利能力不强，拉低了公司整体综合毛利率。

平高电气综合销售毛利率如图 2-4 所示。

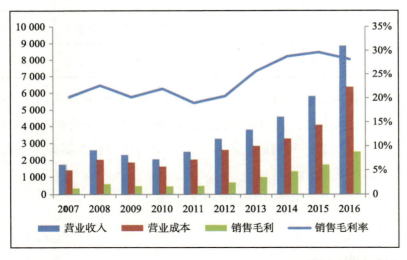

图 2-4 平高电气综合销售毛利率

如果单从母公司毛利率来分析，2016 年度的毛利率不仅没有下降，而且较之上年还有较大幅度的提升。2015 年度母公司销售毛利率[28] 为 29%，而 2016 年度则提高至 32%。这在一定程度上表明，国家电网的入主，更多的是提升了原母公司产品的销售毛利率，而整合进来的子公司则又摊薄了公司综合销售毛利率。

平高电气母公司销售毛利率如图 2-5 所示。

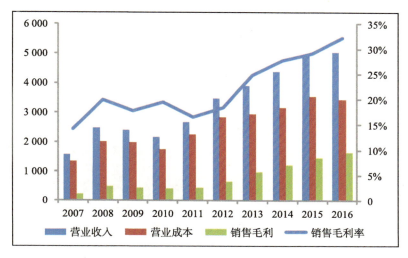

图 2-5　平高电气母公司销售毛利率

由此，我们可以得出一些初步结论：自国家电网控股平高电气以来，公司销售和利润赢得了较大幅度的增长。其中，销售增长主要源自于行业整合带来的购并增长，但购并项目目前的盈利能力尚有不足。所以，公司净利润的绝大部分仍然由母公司利润贡献，而母公司利润增长则主要源自于国家电网入主后公司产品竞争力的增强。或许因技术进步，或许因公司谈判能力增强，公司主营业务销售毛利率在 2011 年之后有较大幅度的提升，从而奠定了其在行业内的领先优势。

## 2.5　管理效率稳中有升

公司 2016 年年末资产总额为 177.25 亿元。其中，流动资产 126 亿元，非流动资产 51.23 亿元，非流动资产占总资产的比重仅为 29%。相较于上一年度的 30%，这一比例还略有下降。过去几年，非流动资产占总资产的比重从 2011 年的 36%，逐年降低至 30% 以下。从资产布局的角度来看，非流动资产的占比越低，公司经营风险越低。

平高电气非流动资产占比如图 2-6 所示。

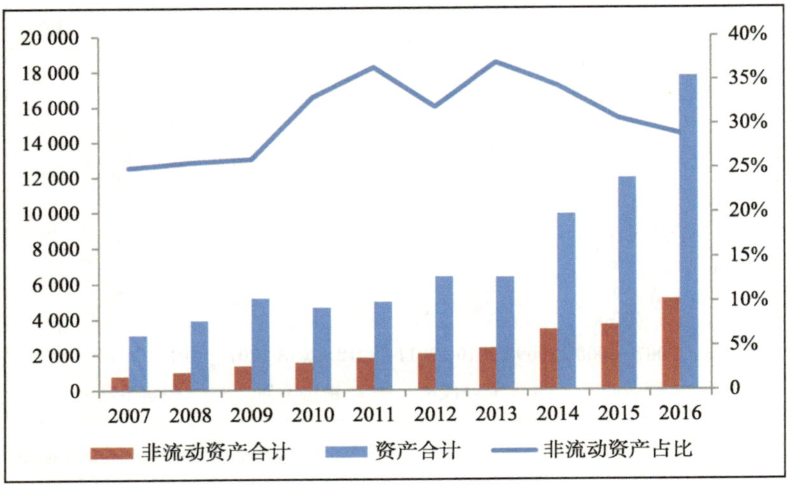

图 2-6 平高电气非流动资产占比

平高电气虽然在过去几年进行了大量的行业整合与购并，但大多数购并均为同一控制主体下的购并[29]。所以，公司基本上没有因溢价收购所引起的商誉，只有本年度收购上海天灵 77.5% 的股权，形成了大约 2.5 亿元的溢价，并形成公司商誉资产。

公司 2016 年度销售收入 88.70 亿元，较之国家电网控股前的 2009 年，增长 2.79 倍，平均复合增长率 20.96%。2016 年度总资产 177.25 亿元，较之 2009 年，约 51.89 亿元，增长 2.41 倍，平均复合增长率 19.18%，相较之下，稍慢于销售收入的增速，这表明公司总体上的资产利用效率略有提升。资产周转率从 0.45 次提升至 0.50 次，这在一定程度上也表明公司与被购并公司存在管理模式、理念、制度以及管理风格上的一致性，并在过去几年保持基本稳定。

平高电气资产周转率如图 2-7 所示。

如果进一步考察公司存货与应收款项的管理可以发现，公司存货周转率为 2 次，远低于上一年度 3 次的水平；也就是说，公司存货管理水平有所下降。应收账款／应收票据／预付款项的管理效率有所提升，为1.22 次，高于 2015 年度和 2014 年度 1 次的水平。也正因为经营性应收项目的大幅度减少，增加了公司经营活动的现金净流入。

图 2-7　平高电气资产周转率

平高电气存货周转率及应收款项周转率如表 2-2 所示。

表 2-2　平高电气存货周转率及应收款项周转率

|  | 2007 年 | 2008 年 | 2009 年 | 2010 年 | 2011 年 | 2012 年 | 2013 年 | 2014 年 | 2015 年 | 2016 年 |
| --- | --- | --- | --- | --- | --- | --- | --- | --- | --- | --- |
| 存货周转率 | 2.53 | 2.71 | 3.69 | 2.64 | 3.01 | 2.46 | 4.81 | 2.50 | 2.99 | 2.02 |
| 应收款项周转率 | 1.36 | 1.76 | 1.54 | 1.22 | 1.43 | 1.49 | 1.22 | 1.00 | 0.97 | 1.22 |

## 2.6　财务风险稳中有降

公司 2016 年年末的总资产为 177.25 亿元；其中，总负债为 83.72 亿元，所有者权益 93.53 亿元，资产负债率为 47%，略高于上年 46.7% 的水平。总体上，负债率在 50% 以下，应当说，公司财务风险很小。

平高电气资产负债率如图 2-8 所示。

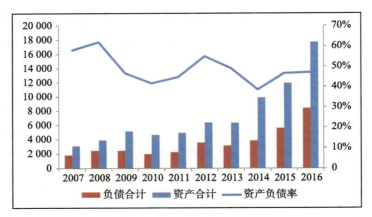

图 2-8 平高电气资产负债率

2016年，为收购母公司资产，平高电气定向增发[30]募集资金35亿元，定增价格 16.05 元；同时，债券融资 10 亿元，银行长、短期借款 11 亿元，基本保持了公司既有的资本结构。资产负债率的下降意味着公司财务风险稳中有降。

如果再进一步分析公司的短期偿债能力，我们发现，公司流动比率[31]也基本稳定；2016 年年末的流动比率为 1.61，虽较上一年度的 1.64 略有下降，但短期偿债能力仍然较强。

平高电气流动比率如图 2-9 所示。

图 2-9 平高电气流动比率

## 2.7 业绩层面不尽如人意

公司 2016 年度税后净利润为 12.65 亿元，所有者权益为 93.53 亿元，股东权益报酬率 13.52%，与上一年度的 13.44% 基本持平。公司虽然利润丰厚，市盈率较低，但股东权益报酬率却并不突出。究其原因，主要在于公司资产规模和股东权益规模偏大，资金利用效率低下。公司自 2001 年上市以来，先后通过首发、定增和公开增发累计募集资金 78.02 亿元，累计实现净利润 47.15 亿元，累计现金分红共计 12 次，分配现金股利 23.73 亿元。由此可知，这也是一家取多予少的公司。

平高电气 ROE 指标如图 2-10 所示。

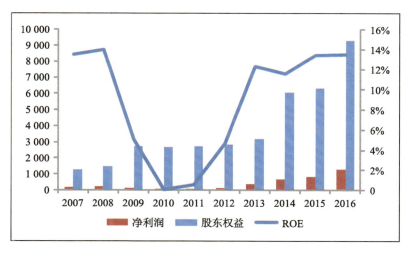

图 2-10 平高电气 ROE 指标

如果进一步分析平高电气利润的含金量，我们认为有两大要素值得关注：第一，净利润是否有足够的净现金支持？第二，利润中的多大比例由关联方贡献？

首先，分析平高电气的利润是否有足够的净现金支持。分析 2016 年度的现金流量表，我们发现，经营活动的现金流量净额为 15.18 亿元，远高于当期净利润 12.65 亿元。从这个意义上来说，公司净利润是有现金保障的。较之以前年度，公司净现金的流入有非常大的改善。但从过去 10 年的时间窗来看，其净利润的现金保障程度在大部分年份表现并不理想，而且波动很大。所以，我们期待 2016 年度的大幅度提升和改善并非"昙花一现"。

平高电气利润现金保障倍数如表 2-3 所示。

表 2-3　平高电气利润现金保障倍数

| | 2007 年 | 2008 年 | 2009 年 | 2010 年 | 2011 年 | 2012 年 | 2013 年 | 2014 年 | 2015 年 | 2016 年 |
|---|---|---|---|---|---|---|---|---|---|---|
| 经营活动产生的现金流量净额 | -285.21 | 298.91 | -27.94 | -362.48 | 43.26 | 470.89 | -199.77 | 276.01 | 317.81 | 1 517.71 |
| 净利润 | 175.34 | 208.47 | 140.91 | 2.87 | 15.93 | 135.88 | 397.33 | 703.39 | 855.57 | 1 265.06 |
| 利润现金保障倍数 | -1.63 | 1.43 | -0.2 | -126.3 | 2.72 | 3.47 | -0.5 | 0.39 | 0.37 | 1.2 |

其次，分析平高电气的利润中有多大比例由关联方业务[32]贡献。根据公司 2016 年度报告，公司前 5 名客户的销售占公司合并收入的 91%，也就是说 89 亿元销售中有超过 80 亿元的收入源自前 5 大客户。而在前 5 大客户中，有关联关系的客户销售约 75 亿元，占公司总销售的 84.5%。

平高电气前 5 名销售收入占比如表 2-4 所示。

表 2-4　平高电气前 5 名销售收入占比

| 客户名称 | 营业收入总额 | 占公司全部营业收入比例 |
|---|---|---|
| 客户 1 | 5 495.50 | 61.96% |
| 客户 2 | 1 996.58 | 22.51% |
| 客户 3 | 314.05 | 3.54% |
| 客户 4 | 206.70 | 2.33% |
| 客户 5 | 52.56 | 0.59% |
| 合计 | 8 065.38 | 90.93% |

至于公司利润中有多大的比例由关联方提供，由于信息披露的局限，我们无法从报告中获取直接的数据。但基本可以确信的是，销售收入的 84.5% 由关联方收入构成，那么，关联方所贡献的利润比重应该会大于收入的构成比重。

透过以上两个核心指标——销售与利润质量的分析，可以得出初步结论：这是一家业绩优良，但关联关系占比和业务垄断性较高的公司，其产品在市场上具有压倒性的竞争优势。

## 2.8 简要结论

通过以上穿透式分析我们可以得到如下结论：

第一，这是一家背靠大树好乘凉的公司。其收入的 80% 以上与关联方业务相关联，因此，它对控股股东在业务上有较大的依赖性。公司的国际化进程或许有助于减轻公司的关联性依赖，但其是否有足够能力开拓国际市场，尤其是参与"一带一路"发展策略，仍有待时间的检验。

第二，公司销售毛利率逐年提升，意味着其产品的差异性和市场竞争力的逐步增强。当然，也有可能因大股东变更而导致其在市场上的垄断地位提高，从而推动了公司利润的持续增长。但是，利润主要由母公司提供，而购并公司相对摊薄公司利润的事实，可能意味着购并整合仍然面临一些新的挑战。与此同时，利润的净现金保障虽然在本年度有大幅度提升，显著好于往年；但鉴于波动较大，能否在未来持续，仍有待观察。

第三，公司销售和利润均保持了持续稳定的增长，但驱动公司增长的主要因素是行业整合。因为所购并的公司基本都属于同一主体控制，所以，购并中累计的商誉风险较低，各项管理及风险评价指标也基本趋于稳定。这充分表明，公司基本经营模式、管理理念及预算和费用控制制度相对比较成熟、稳定。但同时也表明，适度的改革并引入适当的竞争机制，将有助于增强公司的发展活力。

薛云奎

2017 年 4 月 1 日星期六于上海下沙

# 03 / 小天鹅
## 曾经的丑小鸭

## 3.1 小天鹅的前世与今生

无锡小天鹅，始建于 1958 年，隶属于无锡市国资委，是一家专业经营洗衣机的企业。公司 1996 年 B 股上市，1997 年 A 股上市。上市当年销售收入 18 亿元，税后净利润 2.66 亿元，是一家典型的绩优公司。

2003 年，一向以绩优形象著称的小天鹅却因 2002 年的巨额亏损而被戴上"ST"[33] 的帽子，公司 2002 年巨亏 6.31 亿元。或许是源于对国有体制的不信任，或许是源于对公司未来的成功没有信心，无锡市人民政府决定放弃对小天鹅的控股权，于 2003 年 8 月授权无锡市国资委将所持小天鹅集团全部国有股权，分别转让给南京斯威特公司、西安通邮科技投资公司、南京口岸进出口公司和广东斯威特科技有限公司。从表面上看，这四家公司分布地域广阔、行业跨度复杂，但究其背后，实际控制人却只有一个，就是江湖人称"斯威特系"的掌门人严晓群。严晓群完成该项收购后，"斯威特系"占总股本的 27.84%，成为小天鹅的第一大股东。

然而，严晓群及"斯威特系"却只是资本市场上的一个玩家，并没有任何实业背景和家电经验。虽然在资本层面上控制了小天鹅，但在经营层面却不能为小天鹅注入新的活力。2005年,"斯威特系"因违规占用旗下上市公司资金事发,从而深陷信用危机,无法全面履行收购合约。无锡市国资委于2006年8月以"斯威特集团、西安通邮未按协议约定支付最后一期转让款为由,向无锡市仲裁委员会提请仲裁,把尚未履约完成的小天鹅收购合约申请违约仲裁"。就此,小天鹅控制权便再次回到无锡市国资委的怀抱。

有了第一次股权转让失败的经历,无锡市国资委在为小天鹅物色新的东家时谨慎了许多。虽然其间也有多家国内外著名公司向小天鹅伸出橄榄枝,但无锡市国资委最终还是选择了家电龙头——美的电器。2008年2月26日,公司发布公告称:无锡市国联发展(集团)有限公司与广东美的电器股份有限公司签署《股权转让协议》,国联集团将其持有的公司87 673 341股(占公司总股本24.01%)全部转让于美的电器,转让总价款16.8亿元,从而开启了小天鹅新的征程。

美的电器入主小天鹅,差不多花了三年左右的时间将其多年徘徊不前的销售规模从不足50亿元提升至破百亿元。但至2010年和2011年,销售却开始裹足不前:2010年110亿元,2011年109亿元。因此,公司在2012年下决心推进大力度的改革,以期为公司未来发展建立良好的长效机制。

## 3.2　改革与调整

2012年是小天鹅发展历史上重要的改革年。其改革力度从财报上来看,表现了壮士断腕的决心。在2010年和2011年两年销售已突破百亿元目标的前提下,2012年急剧下滑至69亿元,下降幅度高达37%。如果不是因为企业领导人有足够的自信和魄力,我很难相信这样的改革动力是源自公司内部。

根据 2012 年年报，公司改革确立了"产品领先、效率驱动、全球经营"的全新战略定位。通过变革销售模式，强化品质管理刚性，中止产能扩张，消化渠道库存，提升研发能力等手段，促进公司销售和净利润的稳步增长，从而实现提质增效的转型目标。从财报表现来看，其改革成效是显而易见的。

## 3.3 经营层面：持续增长

### 3.3.1 销售及其增长分析

公司 2016 年度实现销售 163 亿元，较上年增长 24%，较 2012 年的 69 亿元增长 1.36 倍，平均复合增长率 23.98%。2017 年中报销售收入 105.68 亿元，较上年同期增长 32.35%。

小天鹅销售收入增长如图 3-1 所示。

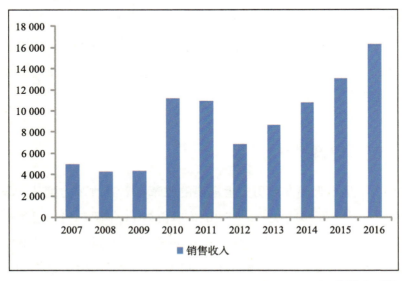

图 3-1 小天鹅销售收入增长

### 3.3.2　销售构成分析

在 2016 年度 163 亿元销售中，各类型洗衣机销售 148 亿元，其他业务销售 16 亿元，主营业务销售超过销售总收入的 90%。它是全球少数几家能同时制造全自动波轮、滚筒、搅拌式全种类洗衣机的制造商，全球销量排名第三（海尔第一，西门子第二）。

小天鹅销售构成如图 3-2 所示。

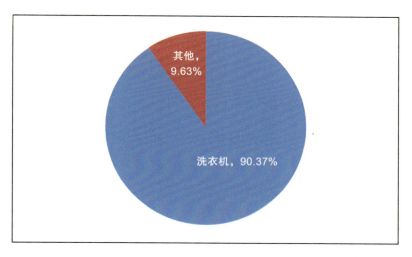

图 3-2　小天鹅销售构成

### 3.3.3　销售地域分布分析

国内市场连续 11 年销量排名第一。中国销售 130 亿元，海外销售 33 亿元。产品出口至 80 多个国家和地区，并且成功进入美国、日本等发达国家和地区市场。海外销售在过去几年基本保持在总收入 20% 以上的水平，平均复合增长率为 10.27%，具有较强的可持续性。

小天鹅销售地域分布如图 3-3 所示。

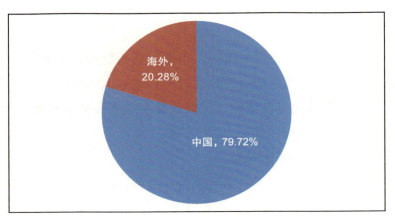

图 3-3　小天鹅销售地域分布

### 3.3.4　销售毛利率分析

公司 2016 年销售毛利率 25.86%，较 2012 年的 22.61% 有较大幅度的提升，较改革前 2011 年的 16.6% 提升了约 10 个百分点。产品竞争力和品牌影响力有了大幅度的提升。

小天鹅销售毛利率如图 3-4 所示。

图 3-4　小天鹅销售毛利率

由此可以看出，通过过去几年的努力，小天鹅基本达成了"产品领先和全球经营"的目标。当然，如果能够进一步扩大海外市场销售的占比，公司未来的增长空间会进一步拓展和扩大。

## 3.4 业绩层面：持续改善

公司2016年度税后净利润13.42亿元，较上年增长27.5%，较2012年的3.79亿元增长2.54倍，平均复合增长率高达37.18%，远高于销售收入的复合增长率。

公司2016年度税前利润15.84亿元，其中：所得税2.41亿元，实际税率15.25%。税前利润中，投资净收益2亿元，利息（或理财）净收益1.55亿元，营业外收支净额约3 000万元，三项合计3.85亿元，占税前总利润的24%。由此可知，公司主营业务对利润的贡献占76%，另有近四分之一的税前利润源自公司投资、理财及营业外收益。投资收益具体包括：可出售金融资产持有期间的分利3 000万元，处置可出售金融资产获得的利得收益1.7亿元。

小天鹅主营业务利润占比如图3-5所示。

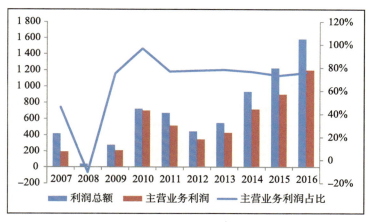

图3-5 小天鹅主营业务利润占比

较大的非主营业务利润占比在一定程度上虽然影响了公司净利润的含金量，但如果进一步分析形成这些非主营业务利润的原因，我们会发现：小天鹅公司的非主营业务利润具有较大的可持续性。因为其投资收益和利息收益主要源于公司持有较大比例的现金资产、理财产品和可供出售金融资产，而营业外收支净额则主要源于与出口相关的政府补贴和退税收入。

公司2016年度经营活动现金净流入38.96亿元，是其当年税后净利润13.42亿元的2.9倍，其经营活动净现金流入远高于其账面净利润，说明其净利润具有很高的现金含量。而且，透过现金流量表与利润表的比较还可发现：这并非只是2016年度的偶然结果，而是一种连续的业绩表现。

小天鹅利润现金保障倍数如图3-6所示。

图3-6　小天鹅利润现金保障倍数

## 3.5　管理层面：效率驱动

看一家公司管理是否成功的关键是看效率，而看效率的关键又是看公司的投入与产出。也就是公司能否在保持销售增长的前提下有效地控制资产增长的规模,从而提升其管理效率。

### 3.5.1 非流动资产比重分析

公司 2016 年度末的资产规模为 188.86 亿元。其中,173.28 亿元为变现能力较强的流动资产,非流动资产仅为 15.58 亿元,仅占总资产的 8.25%。所以,这是一家典型的轻资产公司。而且,随着非流动资产的折旧和摊销,其净值还有进一步降低的趋势。自 2012 年以来,其占比连续下降,分别为 17%、14%、11% 和 8%,这说明小天鹅公司是一家经营风险极低的公司。

小天鹅非流动资产占比如图 3-7 所示。

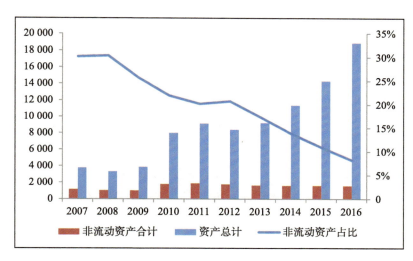

图 3-7　小天鹅非流动资产占比

### 3.5.2 总资产周转率分析

如果对比公司销售收入与总资产增长,公司本年度总资产周转率略有下降。上一年度为 0.92 次，本年度为 0.86 次。究其原因，主要在于流动资产增长过快，而流动资产增长过快的主要原因又在于其他流动资产（也就是理财产品所占用资金）有较大幅度的增长。该等资产的上年余额为 57 亿元，而本年度末则达到创纪录的 84 亿元。如果把这些理财产品理解为现金或准现金（现金等价物），那么，公司的现金及现金等价物合计占总资产的比重高达 67%。如果扣除理财产品的影响，公司资产周转率不仅没有下降，反而还有所提升。2016 年的资产周转率为 1.56 次，较上年 1.52 次略有提升；而且，比较过去 5 年，其资产周转率也始终保持着稳定的提升态势。

小天鹅资产周转率如图 3-8 所示。

图 3-8　小天鹅资产周转率

### 3.5.3　存货与应收款项周转率

就公司存货与应收款项的管理而言，基本呈现出一种涨跌互现的状态。也就是公司存货周转率提升的同时，往往会引起其应收款项周转率的下降；反之亦然。2016 年度，公司存货周转率从 13 次下降至 7 次；但与此同时，应收款项（含应收票据、应收账款及预付款项）周转率则从 4.1 次提升到 5.6 次。这其中的内在逻辑，也许是公司的营销模式所决定的。

小天鹅存货周转率如图 3-9 所示。

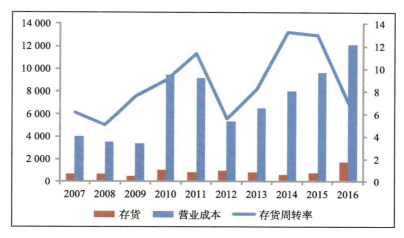

图 3-9　小天鹅存货周转率

小天鹅应收款项周转率如图 3-10 所示。

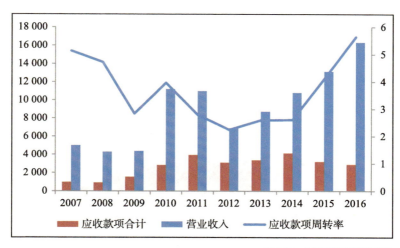

图 3-10　小天鹅应收款项周转率

公司未来提升管理效率的空间在哪里？也许，最显而易见的空间就在于加大公司现金分红力度，减少冗余现金占用和理财产品投资。这不仅有助于提升公司资产使用效率，还有助于降低公司资本成本和提高公司股东回报率。

## 3.6 财务层面：稳健适中

### 3.6.1 资产负债率分析

公司 2016 年度末的资产负债率为 63%，较上年度的 55% 有所提升，而且，追溯过去 5 年，其负债率保持了稳定的提升态势。这意味着小天鹅进一步提高了它的财务杠杆和财务风险水平。公司在几乎没有银行借款的前提下，保持了公司负债率的提升，也就意味着公司在占用经销商和供应商资金方面增长较快，进而表明公司在上下游产业链中提升了自己的谈判能力。

小天鹅资产负债率如图 3-11 所示。

图 3-11 小天鹅资产负债率

### 3.6.2 短期支付能力分析

从短期支付能力来看，流动比例保持在 1.4 到 1.6 之间，虽然这一比率在过去 4 年有所下降，但流动资产超过流动负债 50%，所以，这一比率的下降不仅没有引起短期支付能力上的问题，反而提高了公司的资金使用效率。

小天鹅流动比率如图 3-12 所示。

图 3-12　小天鹅流动比率

## 3.7　资本与回报：典型的"白马股"

公司 2016 年度股东权益报酬率为 19.3%，较上一年度的 17.59% 有较大幅度增长，而且，自 2012 年以来，公司股东报酬率保持了连续、稳定的提升态势，分别为 8.91%、10.47%、15.37%、17.59% 和 19.30%。

小天鹅 ROE 指标如图 3-13 所示。

公司在过去 10 年，除 2010 年定向增发募集了 7.32 亿元资本金以外，每年的融资活动现金基本上都是分红或还款所引起的净流出，现金股利分红连年增长，过去 3 年的分红现金分别为 1.94 亿元、2.86 亿元和 3.95 亿元。

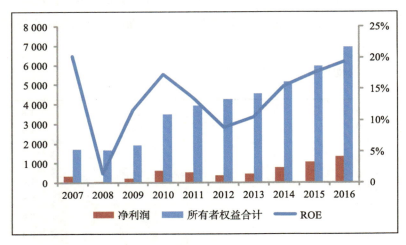

图 3-13　小天鹅 ROE 指标

小天鹅目前的市值是 260 亿元，2017 年中报税后净利润 8.32 亿元，较上年同期增长 25.24%。自年初以来，其股价已上涨近 50%，自 2012 年以来已上涨了 520%。但就财报分析结论而言，像这样的高成长、低风险公司在当前市场上的确并不多见。

## 3.8　简要结论

在经营层面上，小天鹅是一家经营非常成功的公司，主营业务突出，专业性聚焦程度高。过去几年，公司保持了快速、稳定的内生增长，在国内与国际市场上塑造了良好的品牌形象，具有良好的发展前景。

在管理层面上，它是一家资产质量较高、经营风险很低、管理效率稳定且稳中有升的公司。其较高的现金资产占比和较低的非流动资产占比，使得公司保持了非常健康的"体形"。

在财务层面上，它是一家财务风险可控，短期支付能力强劲的公司。其资本成本随着负债率尤其是无息负债的提升而降低，充分展现了公司娴熟的财技。当然，如果公司加大现金分红，减少冗余现金占用，将更有利于提升公司管理效率和股东回报率。

薛云奎

2017年4月2日星期日于上海下沙

# 04 / 吉林敖东
## 偏财旺旺

## 4.1　奇葩的税后净利润

吉林敖东的主营业务是制药,其主导产品"安神补脑液""血府逐瘀口服液""利脑心胶囊""心脑舒通胶囊"等多年来一直保持省优、部优和中国中药名牌产品称号。公司1996年上市,算是一家老牌的上市公司。如果看这家公司的财报,最突出的看点是2015年,它的销售收入23亿元,但其税后净利润却高达26亿元。2016年,销售27亿元,税后净利润也接近17亿元。是什么原因导致这家公司有如此奇葩的销售净利润率指标?

## 4.2　稳健的经营状态

要了解这家公司,首先要了解一下这家公司的销售构成。公司2016年度27.36亿元的销售中有26.63亿元源自医药。其中,中成药的销售12亿元,化学药的销售14亿元,食品及其他业务销售不足1亿元。

吉林敖东医药销售构成如图4-1所示。

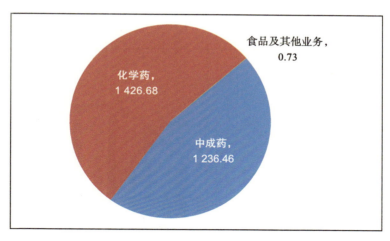

图 4-1 吉林敖东医药销售构成

如果单从销售构成来看，这些销售构成看上去很平常。那么，这家公司的税后净利润为什么会逆天呢？这其中的秘密在哪儿？其实，除了主营业务以外，其投资上的成功是导致其报表逆天的主要因素。对吉林敖东投资业务的分析，会在财务层面分析时具体阐述，这里让我们先来分析它的主营业务——药业部分。

公司1996年上市，迄今已有20年的历史，算是一家老牌的上市公司。公司上市之初的1996年，销售收入2.42亿元，净利润3 900万元。

过去20年，公司销售收入增长了10倍，剔除投资收益后的净利润，也差不多增长了10倍。也就是说，公司主营业务基本保持了持续、稳定的增长，只不过，增长的速度相对比较缓慢；别的公司10倍的增长用了10年，吉林敖东却用了20年。

公司2016年的销售相对于2015年，增长了17%；2015年相对于2014年，增长了4%。而同期的主营业务利润[34]却分别下降了1%和增长了4%，也就是说基本持平。销售毛利率基本维持在70%左右的水平，2016年度71%，略高于上年的69%。

吉林敖东销售毛利率如图 4-2 所示。

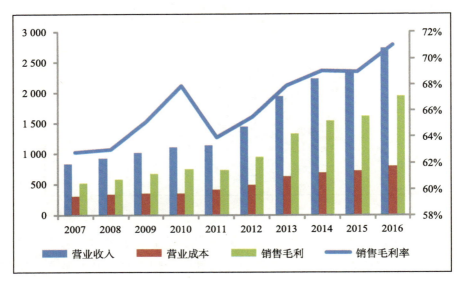

图 4-2　吉林敖东销售毛利率

从总体上看，这家公司的主营业务的经营说不上成功，但也绝对说不上失败，其产品质量稳定，在市场上有一定的声誉和竞争力，可以说是一家经营相当稳健的公司。

## 4.3　稳中有降的管理效率

### 4.3.1　资产周转率分析

从资产周转率来看，这是一家资产很重的公司。2016 年 27 亿元销售收入，总资产却超过 200 亿元，资产周转率仅为 0.13，上年度为 0.12。究竟是什么原因导致公司资产使用效率不高？下面将给出答案。

吉林敖东资产周转率如图 4-3 所示。

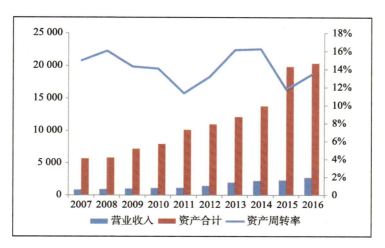

图 4-3　吉林敖东资产周转率

## 4.3.2　非流动资产占比

公司非流动资产占总资产的比重高达 84%，这是导致公司资产周转率不高的主要原因。

吉林敖东非流动资产占比如图 4-4 所示。

图 4-4　吉林敖东非流动资产占比

在公司非流动资产构成中，占比最大的资产是长期股权投资，2016年长期股权投资高达 135 亿元，占非流动资产的 79%。由于这部分投资对公司主营收入并未产生贡献，因此，分析公司药业的管理效率应将其剔除。如果剔除长期股权投资的资产，公司资产周转率在 0.4 左右波动，仍然远低于行业中位值（0.73）水平。从这个意义上来说，公司管理效率相对偏低。起码，它算不上是一家管理优秀的公司。

吉林敖东资产周转率（扣长期股权投资）如图 4-5 所示。

图 4-5　吉林敖东资产周转率（扣长期股权投资）

### 4.3.3　存货和应收款项周转率

再看它的存货及应收款项管理水平，存货周转率在过去 10 年中基本维持在 1.6～2 的水平。2016 年度为 1.6，略高于上一年度的 1.59，这说明公司的存货管理及销售模式相对稳定。

吉林敖东存货周转率如图 4-6 所示。

应收款项（包括应收票据、应收账款和预付款项）周转率基本保持在 2.5～3.5，本年度为 3.22，较上年度的 3.73 有所下降。

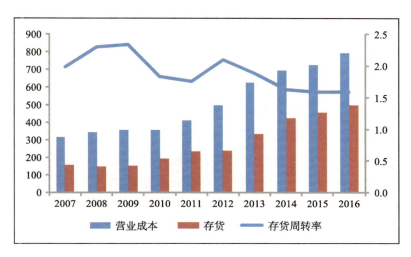

图 4-6 吉林敖东存货周转率

吉林敖东应收款项周转率如图 4-7 所示。

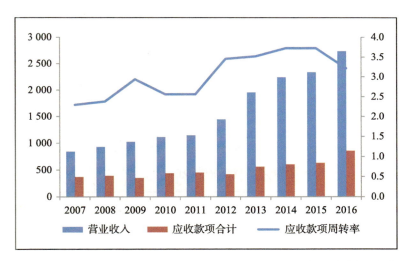

图 4-7 吉林敖东应收款项周转率

总体上来说,公司管理平平,而且,在过去 10 年基本也无大的变化。这说明,公司在管理上的进取心还有欠缺。

## 4.4 资质一般的财务水平

### 4.4.1 资产负债率分析

公司超过 200 亿元的资产,而负债却不足 15 亿元,资产负债率仅为 7%,远低于上年 11% 的水平,也远低于行业 30% 的中位值。公司负债率如此低下,一方面表明公司财务风险很低;另一方面也说明公司不善理财,股东权益占比过高导致公司资本成本偏高,从而导致股东权益资本效率下降。

吉林敖东资产负债率如图 4-8 所示。

图 4-8 吉林敖东资产负债率

### 4.4.2 短期支付能力分析

从公司短期支付能力来看,2016 年流动比率接近 3,说明公司流动资产是流动负债的 3 倍。虽然这样的公司没有短期偿债困难,但公司经营过程中沉淀了过多的冗余资金,其资金使用效率也不会高。

吉林敖东流动比率如图4-9所示。

图4-9 吉林敖东流动比率

## 4.5 可持续的"偏财"

公司自上市以来，分别于1998年和2000年进行过配股，累计募集资金5.5亿元。之后，公司完全依赖自身积累和间接融资[35]能力，实现了公司的成长和扩张。尤其是在股权投资领域的巨大成功，颠覆了人们对传统财报的认知。

截至2016年，公司参股的公司主要有广发证券股份有限公司、吉林亚泰(集团)股份有限公司和通钢集团敦化塔东矿业有限责任公司。其中，对公司业绩产生重大影响和最成功的股权投资便是参股了广发证券。

2002年，公司以3亿元出资，取得广发证券15%的股权。随后几年，公司又先后受让了其他股东的股份，至2006年，其股份增持至46.76%。广发证券分别是A股和H股上市的公司，目前市值为1 260亿元，2016年度销售收入207亿元，净利润84亿元。吉林敖东持股16.43%，分列第一或第二大股东，以权益法分得投资收益13亿元。

综合吉林敖东的正财与偏财，2016年度税前利润17.4亿元。其中，主营业务利润贡献3.15亿元，投资净收益贡献13.15亿元，营业外收支净额贡献1.1亿元。由此可知，吉林敖东的价值并不主要决定于它的主营药业，而在于其股权投资，仅仅是广发证券的市值份额便超过200亿元（207亿元），占其目前总市值273亿元的76%。

吉林敖东利润构成如表4-1所示。

表4-1 吉林敖东利润构成

| | 2007年 | 2008年 | 2009年 | 2010年 | 2011年 | 2012年 | 2013年 | 2014年 | 2015年 | 2016年 |
|---|---|---|---|---|---|---|---|---|---|---|
| 利润总额 | 2 033.94 | 908.88 | 1 411.31 | 1 289.31 | 2 461.89 | 682.58 | 1 190.84 | 1 485.27 | 2 670.31 | 1 740.09 |
| 减：投资净收益 | 1 934.82 | 806.64 | 1 268.38 | 1 117.14 | 2 305.71 | 482.75 | 930.90 | 1 072.26 | 2 240.38 | 1 315.20 |
| 利润总额（扣除投资净收益） | 99.12 | 102.24 | 142.93 | 172.17 | 156.18 | 199.83 | 259.94 | 413.01 | 429.93 | 424.89 |
| 减：营业外收入 | 44.95 | 49.25 | 22.21 | 78.42 | 93.44 | 55.08 | 77.78 | 68.80 | 123.17 | 116.04 |
| 加：营业外支出 | 9.75 | 9.83 | 13.72 | 15.47 | 5.99 | 11.45 | 11.59 | 4.16 | 7.37 | 6.64 |
| 主营业务利润 | 63.92 | 62.82 | 134.44 | 109.22 | 68.73 | 156.20 | 193.75 | 348.37 | 314.13 | 315.49 |

## 4.6 "纸面富贵"的业绩

对于这样一家投资收益远高于其主营业务利润，且具有可持续性的公司，又当如何评价其业绩呢？

首先，在资产部分，需要区分投资性资产和经营性资产；其次，在收益部分，需要区分投资性收益和经营性收益。简单的算法就是把长期股权及其他产生直接收益的资产从总资产中减除。直接产生收益而不参与生产经营过程的资产，被定义为投资性资产；而其他资产则被定义为经营性资产。但在经营性资产中，因经营而形成的对上下游的占款是没有资金成本的，所以，这部分资本应当从经营性资产中扣除。2016年度公司实际投入经营的资本为56亿元，投入资本报酬率6.13%，略低于上一年度6.67%的水平；相比之下，投资性资产的报酬率则高达9.78%，而上一年度则更高，达17%。由此也可看出，公司的股权投资回报要远胜于经营性回报。所以，我们说它是一家擅长股权投资的公司，一点也不为过。

吉林敖东投资性资产收益率及经营性资产收益率如图4-10所示。

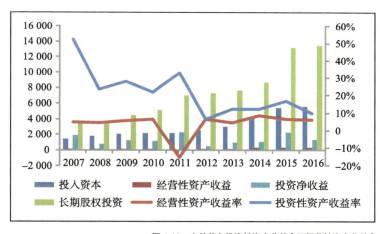

图4-10　吉林敖东投资性资产收益率及经营性资产收益率

最后，我们将二者合并，形成综合股东回报率。2016年度，公司股东报酬率8.7%，远低于上年度14.8%的水平，其主要原因在于公司利润对投资主体广发证券的净利润具有较大的依赖性，而广发证券的收益又与证券市场的景气度关系密切，其业绩的大幅度下滑直接导致吉林敖东的股东回报大幅下滑。当然，要改善公司的股东回报，除了减轻对广发证券的投资收益的依赖外，改善公司资本结构，适当提高负债的比例，降低股东权益的占比，也有助于降低公司资本成本，提高公司

ROE。

吉林敖东 ROE 指标如图 4-11 所示。

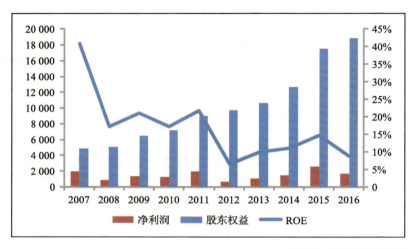

图 4-11　吉林敖东 ROE 指标

## 4.7　简要结论

有的公司主营突出，正财丰厚；而有的公司则是偏财命，投资回报丰厚。恰当地区分公司的经营性回报和投资性回报，是正确认识公司内在价值的一条有效路径。

吉林敖东在主营业务方面，是一家极其平淡的公司；但由于股权投资的成功，吉林敖东又是一家成就非凡业绩的公司。只不过由于这一业绩只是合并报表时的纸面富贵，所以，只要其子公司不直接分配现金股利，公司的净现金流入就很难支撑其账面业绩。长期以来，公司经营活动净现金对报表净利润的保障程度不及 0.2，或许，这就是人们通常所说的纸面富贵吧！

吉林敖东利润现金保障倍数如图 4-12 所示。

图 4-12　吉林敖东利润现金保障倍数

综上所述，由于公司的账面净收益和公司内在价值在很大程度上取决于被投资公司广发证券的业绩和市值，因此，广发证券的兴衰直接影响到吉林敖东的投资价值。

薛云奎

2017 年 4 月 2 日星期日于上海下沙

# 05 / 福耀玻璃
## 把生意做成事业的公司

## 5.1 专注于汽车玻璃

福耀玻璃是一家专注于汽车玻璃生产的供应商，主要从事浮法玻璃及汽车用玻璃制品的生产及销售，产品不但配套国内汽车品牌，更已成为德国奥迪、德国大众、韩国现代、澳大利亚 Holden、日本铃木、日本三菱、捷克途胜等的合格供应商。

2016 年度，公司销售收入 166 亿元，税后净利润 31 亿元，经营活动现金净流入 36 亿元，高于公司的利润进账。公司自 1993 年上市，迄今已有 20 几个年头，目前市值达到 573 亿元。31 亿元利润，573 亿元市值，市盈率不足 20 倍（18 倍）。

## 5.2 主营业务利润突出

税后利润 31 亿元，它的税前利润超过 39 亿元，所得税 7.8 亿元，实际所得税率 20%，远高于上市公司的平均水平。

税前利润 39 亿元中，除了 8 000 万元的营业外收支净额和 4 000 万元的投资收益外，其他利润均全部源自公司主营业务。也就是说，公司主营业务贡献了公司税前利润的97%。8 000万元的公司营业外收支净额主要系公司投资项目所获得的政府补贴收入，4 000万元的投资收益主要系公司处置一些小规模子公司所产生的股权溢价收益。

福耀玻璃主营业务利润占比如图5-1所示。

图5-1　福耀玻璃主营业务利润占比

## 5.3　销售增长稳定

公司主营两大产品系列：汽车玻璃和浮法玻璃。汽车玻璃销售161亿元，浮法玻璃销售27亿元；除此之外的其他各项销售总计4亿元。考虑到公司内部抵销26亿元，2016年福耀玻璃实现净销售166亿元。

福耀玻璃销售构成如图5-2所示。

2016年166亿元销售中，中国销售107亿元，海外市场销售56亿元。从销售占比来看，海外市场销售已经超过公司销售总收入的三分之一，公司国际化的程度非常高。

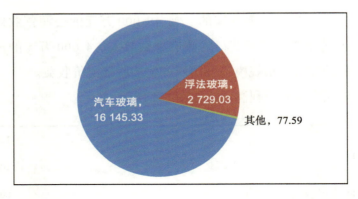

图 5-2　福耀玻璃销售构成

## 5.4　净利润有现金保障

公司经营活动净现金在过去 10 年，始终大于公司账面净利润，这说明公司净利润的含金量非常高，有真金白银的支持。公司销售回款及存货管理，始终都处于良好状态。

福耀玻璃利润现金保障倍数如图 5-3 所示。

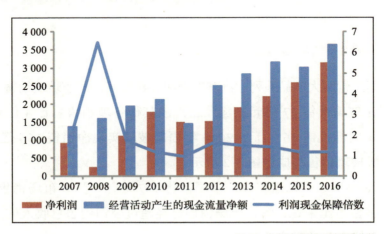

图 5-3　福耀玻璃利润现金保障倍数

透过以上几个指标的粗浅分析，我们可以有一个初步结论：这是一家业绩非常优良、利润含金量很高的公司。

## 5.5 经营稳健

经营层面的分析，重点是分析其产品的品质和市场竞争力，这需要考察如下几个方面。

### 5.5.1 销售及其增长分析

公司在过去 10 年的销售复合增长率达到 14.26%，2016 年度较之上年增长 22.45%，说不上高速增长，但却可以说是一家持续快速增长的公司。2007 年，销售收入 50 亿元，至 2016 年，销售收入突破 160 亿元。公司在过去 10 年的利润复合增长率更高，达到 14.73%。2007 年，净利润 9 亿元，2016 年度净利润 31 亿元，增长了 3 倍多。过去 10 年，股价增长了 120%。

福耀玻璃营业收入及利润如图 5-4 所示。

图 5-4 福耀玻璃营业收入及利润

### 5.5.2 销售毛利率分析

公司销售毛利率在过去 10 年保持了持续、稳定的增长，2007 年为 36%，2016 年达到创纪录的 43%。这意味着公司产品的品质在过去 10 年保持了持续、稳定的提升。

福耀玻璃销售毛利率如图 5-5 所示。

图 5-5　福耀玻璃销售毛利率

### 5.5.3 研发与销售分析

公司 2016 年度投入研发经费 7.27 亿元，较上年度的 5.93 亿元增长 23%，略快于销售收入的增长；公司 2016 年度投入销售费用 11.8 亿元，较上年度的 10.2 亿元增长 16%，慢于销售收入的增长速度。

## 5.6　管理平和

管理层面的分析，我们着重看它的效率和风险。

### 5.6.1 看效率看什么

看效率，就是看它的周转率。资产是一家公司的投入，销售是一家公司的产出，产出投入比也就是公司的效率。2016年度，公司销售收入166亿元，总资产299亿元，资产周转率比上年度的0.55略有提升，但远低于2010年0.81的历史最好水平。

福耀玻璃资产周转率如图5-6所示。

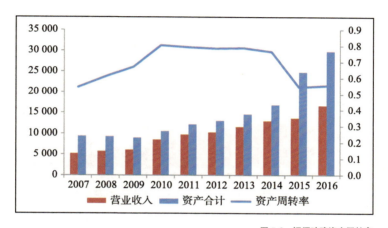

图5-6 福耀玻璃资产周转率

公司2016年度存货周转率达3.4，远高于上一年度3.1的水平，接近2013年度3.6的历史最佳水平。

福耀玻璃存货周转率如图5-7所示。

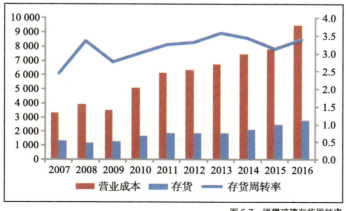

图5-7 福耀玻璃存货周转率

公司 2016 年度应收款项（含应收票据 / 应收账款 / 预付款项）周转率达到 3.57 次，略低于上一年度 3.86 次的水平。应收款项周转率总体上趋于稳定。

福耀玻璃应收款项周转率如图 5-8 所示。

图 5-8　福耀玻璃应收款项周转率

### 5.6.2　看风险看什么

看风险，核心是看它的资产布局和资产质量。福耀玻璃在传统上是一家重资产的公司，10 年前的非流动资产占比基本达到四分之三的水平，目前已逐步降低至 50% 以下，2016 年度的非流动资产占比正好接近 50%，基本与上年持平。

福耀玻璃非流动资产占比如图 5-9 所示。

如果进一步分析其非流动资产的构成，绝大部分非流动资产是厂房设备等固定资产，这部分资产占其非流动资产的 60% 以上；此外，在建的厂房设备也占有相当大的比重，2016 年，在建工程占非流动资产的比重达 26%，这说明公司仍处在扩建厂房的快速增长期。

福耀玻璃固定资产和在建工程占比如图 5-10 所示。

图 5-9 福耀玻璃非流动资产占比

图 5-10 福耀玻璃固定资产和在建工程占比

如果结合现金流量表中投资活动现金流情况的分析，我们可以进一步得出结论：投资活动现金流在过去三年保持了快速流出的趋势。2014年、2015年、2016年三年分别为26亿元、30亿元、31亿元；而且，绝大部分流出都在购建固定资产方面。这从另一个侧面印证了公司目前仍然在加大扩建厂房，以进一步扩大产能。如果这些新增产能如期产生效益，可以预见，公司在未来三五年内会迎来一个增长的小高潮。当然，如若投资盲目，则会导致失败风险。

福耀玻璃投资活动现金流量净额如图 5-11 所示。

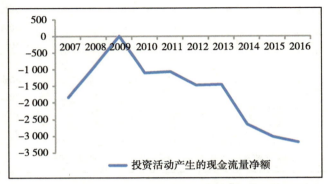

图 5-11 福耀玻璃投资活动现金流量净额

## 5.7 财务风险偏低

财务层面的分析主要包含两个要素：财务风险可控及资本成本最低。

### 5.7.1 资产负债率分析

公司财务风险的衡量主要看负债水平，也就是负债率。2016 年度，公司资产负债率 40%，高于 2015 年度 34% 的水平。

福耀玻璃资产负债率如图 5-12 所示。

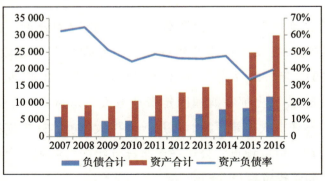

图 5-12 福耀玻璃资产负债率

长短期银行借款占总负债的比重约 43%。商业负债率 23%，远低于 2012 年、2013 年 34% 的水平，说明公司对上下游的谈判能力在减弱。

福耀玻璃各项负债占比如图 5-13 所示。

图 5-13　福耀玻璃各项负债占比

### 5.7.2　短期支付能力分析

从短期支付能力来看，2016 年公司流动比率 1.55，略低于 2015 年度 1.77 的水平；但只要这一指标大于 1，理论上来说，公司短期支付便不会有困难。虽然这一指标越大，公司支付能力越强，财务越安全，但安全是有成本的，会导致冗余的资金，致使资金使用效率下降。

福耀玻璃流动比率如图 5-14 所示。

### 5.7.3　股利分配分析

公司自 1993 年上市以来，累计实现利润 194 亿元，分红 15 次，分掉现金 89 亿元，分红率达 45.7%。相比之下，公司除首发外，公开或定向向股东募集资金不足 7 亿元（6.95 亿元），但回报股东现金却高达

89亿元，所以，这是一家高现金分红的公司。公司资金短缺时采用的融资手段主要是发行债券和银行长短期借款，公司先后通过债券融资83亿元，通过银行借款融资57亿元。

图 5-14　福耀玻璃流动比率

总体来说，这是一家对合作伙伴（包括供应商、经销商、客户）比较厚道的公司，没有因公司规模扩张店大欺客，更多地占用上下游资金；同时，也是一家很有信托责任，不轻易向股东伸手要钱的公司。但反过来看，公司的财技水平还有较大的提升空间。

## 5.8　高额现金股利

业绩层面分析是穿透式分析的最后一个环节，着重分析公司的股东回报。

2016年度公司ROE（股东回报率）达17%，略高于行业中值（16%）的水平。过去10年，公司致力于主营产品的开发、生产和销售，使公司股东回报始终保持在20%左右，近两年随着公司负债率的下降，也导致ROE的下降。

福耀玻璃 ROE 指标如图 5-15 所示。

图 5-15　福耀玻璃 ROE 指标

## 5.9　简要结论

综合上述穿透式分析及各层面分析，对福耀玻璃这家公司，我们可以得出如下几点结论：

第一，这家公司的经营非常稳健。公司自 1993 年上市以来，连续 20 多个会计年度，销售收入保持了持续稳定的增长，只有增长速度的快慢，但从来没有过不增长或负增长的年度，这在所有上市公司当中，应当说是十分罕见的。

第二，福耀玻璃有很强的信托责任。上市 20 余年，仅有一次增发募资，近 50% 税后利润通过现金分红，回馈股东。除此之外，公司完全依靠内生性增长，自我发展，既不购并，也不投资，专注主业，从而为公司未来增长打下了非常坚实的基础。

第三，公司财务偏于保守。理论上讲，因公司资产较重，厂房、设备等固定资产的占比较高，公司应该有较高的资产负债率，以降低资本成本；但公司目前的负债率不足 40%，偏低。另外，公司在成长过程中，也并未从报表中发现在上下游资金占款方面谈判能力的增强。或许是因为行业原因，或许是因为公司信用政策，无论从什么角度来看，公司的理财都是偏于保守的，从而致使其股东回报下降，从 20% 以上下降至目前的 17%。如若在理财方面加以改善，相信公司 ROE 还有较大提升空间。

薛云奎

2017 年 4 月 4 日星期二于上海下沙

# 06 / 晨鸣纸业大股东增持

## 6.1　造纸行业龙头

　　晨鸣纸业是一家国有上市企业，注册在山东潍坊寿光市，寿光市国资委是其第一大股东，持股 15%。晨鸣纸业是全国首家同时拥有 A、B、H 三种股票的上市公司。今年初，其控股股东分别增持了 H 股和 B 股，致使其目前的控股比例提升至 25%。大股东大幅度增持自己公司的股份，这意味着什么？

　　晨鸣纸业是一家主要从事造林、制浆、造纸及相关产业的公司，其中，造纸是主业。同时，也兼营其他一些相关业务，如高密度纤维板、强化木地板等建筑材料，以及电力及热力、酒店服务及融资租赁服务等。

　　目前，晨鸣纸业的市值 215 亿元人民币，在 23 家同业上市公司中排名第一（排名第二和第三位的公司分别是太阳纸业和山鹰纸业），其税后净利润超过 20 亿元人民币（20.23 亿元），高居同行业首位，但其市盈率尚不足 10 倍。如此低市盈率的公司，在 3 200 多家上市公司中恐怕并不多见。

## 6.2 主营业务利润暴增

2016 年度公司实现税后净利润 20.23 亿元，所得税前利润 25.83 亿元，所得税 5.6 亿元，所得税率 21.7%，略低于同行业 23 家上市公司平均 24.6% 的水平。在它 25.83 亿元的税前利润中，源自投资活动的收益为 0.64 亿元，主要为公司委托贷款所取得的收益。另外 5 亿元，则源自于以政府补贴为主的营业外收入。细分它的政府补贴收入，主要为两个方面的补贴：一是有关环境保护方面技改的政府专项补贴，二是政府对有关科研项目的支持。过去十年中，公司这两部分的营业外收入基本都保持在 3 亿～5 亿元，并非完全是偶发性因素。如果不考虑投资收益和营业外收支的影响，公司主营业务对税前利润的贡献亦超过 20 亿元，占税前总利润的 70% 以上（73%）。

晨鸣纸业主营业务利润占比如表 6-1 所示。

表 6-1 晨鸣纸业主营业务利润占比

|  | 2007 年 | 2008 年 | 2009 年 | 2010 年 | 2011 年 | 2012 年 | 2013 年 | 2014 年 | 2015 年 | 2016 年 |
|---|---|---|---|---|---|---|---|---|---|---|
| 营业利润 | 1 284.84 | 1 292.77 | 982.57 | 1 433.75 | 376.05 | -416.23 | 403.54 | 166.04 | 1 107.85 | 2 092.40 |
| 减:其他经营收益 | 20.91 | -20.43 | 2.62 | 32.54 | 56.05 | 12.30 | 34.93 | 75.89 | 69.64 | 64.29 |
| 减:营业外收入 | 232.22 | 274.37 | 201.74 | 179.42 | 364.83 | 421.53 | 504.05 | 410.31 | 311.01 | 500.57 |
| 加:营业外支出 | 27.73 | 11.80 | 11.38 | 50.81 | 41.88 | 21.44 | 41.29 | 15.34 | 8.69 | 9.80 |
| 主营业务利润 | 1 059.44 | 1 050.63 | 789.59 | 1 272.60 | -2.95 | -828.62 | -94.15 | -304.82 | 735.89 | 1 537.34 |
| 主营业务利润占比 | 82.46% | 81.27% | 80.36% | 88.76% | -0.78% | 199.08% | -23.33% | -183.58% | 66.43% | 73.47% |

## 6.3 纸浆价格上涨推升公司销售

从所涉及的行业角度，晨鸣纸业所经营的行业看似比较杂乱。不过，从公司收入的角度来观察，公司主营业务仍然十分突出，2016 年 230 亿元的销售收入中，有 195 亿元为造纸收入，占总收入的 85% 以上。其他收入还不足 15%。由此，仍可以称之为一家专业化程度较高的纸业公司。

晨鸣纸业销售构成如图 6-1 所示。

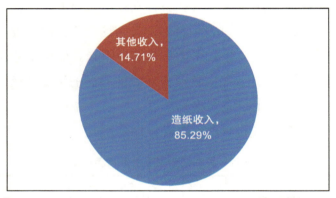

图 6-1　晨鸣纸业销售构成

## 6.4 净利润有现金支持，但波动较大

透过利润表和现金流量表的分析，我们发现：2016 年度的经营活动净现金流入为 21.53 亿元，而同期净利润则为 20.23 亿元，净现金流入略高于公司账面净利润，说明公司的净利润是有现金流支持的。但如果从一个更长的时间周期来观察，公司经营活动现金流不太稳定，尤其是 2015 年度的净现金出现了高达 90 多亿元的净流出，这或许是公司开设融资租赁业务的资金调度而引起。总体上看，过去十年公司净现金对净利润的支持度基本都大于 1。说明正常情况下，公司净利润的含金量是比较高的。

晨鸣纸业利润现金保障倍数如表 6-2 所示。

表 6-2　晨鸣纸业利润现金保障倍数

| | 2007年 | 2008年 | 2009年 | 2010年 | 2011年 | 2012年 | 2013年 | 2014年 | 2015年 | 2016年 |
|---|---|---|---|---|---|---|---|---|---|---|
| 经营活动现金流量净额 | 1 324.26 | 1 934.14 | 1 639.03 | 850.33 | −437.46 | 1 956.87 | 1 122.62 | 985.40 | −9 721.36 | 2 153.05 |
| 净利润 | 1 218.54 | 1 259.54 | 953.91 | 1 301.66 | 588.73 | 46.69 | 690.35 | 453.31 | 977.93 | 2 022.61 |
| 利润现金保障倍数 | 1.09 | 1.54 | 1.72 | 0.65 | −0.74 | 41.91 | 1.63 | 2.17 | −9.94 | 1.06 |

## 6.5　经营层面：靠天吃饭

利润丰厚公司的经营是否成功呢？看一家公司经营上面是否成功，并不单纯只是看它的盈利，而是要分析它的销售及其增长。只有通过透彻分析，我们才能深入地了解一家公司经营上是否成功。

### 6.5.1　销售及其增长分析

2007年，晨鸣纸业的销售收入为152亿元人民币，税后净利润12亿元。2016年度的销售收入229亿元，净利润20.23亿元。相较于2007年，销售收入增长了51%，净利润增长了66%。由此可知，晨鸣纸业在过去10年虽有增长，但却缓慢，10年的增长率可能还不足某些快速增长公司一年的增长速度。总体上来说，这家公司在过去10年的销售增长缓慢，经营上并不十分成功。

晨鸣纸业销售收入及净利润如图6-2所示。

晨鸣纸业增长缓慢，恐怕首先要归因于造纸行业的整体衰退。随着移动互联网技术的飞速发展和应用，加之人们环保意识增强，无纸化办公日趋流行，纸张的使用和浪费在日常生活中日益减少。全球人均纸张的消费量在2006年达到顶峰，之后则呈逐年缓慢下降趋势。从晨鸣纸业自身的销售分析中,我们发现,双胶纸、铜版纸、白卡纸等在过去10年都有不同程度的增长,但新闻纸、复印纸等产品则出现了较大幅度的萎缩。这除了公司经营策略上的变化之外,可能与互联网技术的普及应用与发展所导致的整体纸品供应市场的下滑也不无联系。因此,从这个意义上来说,纸业在总体上呈现出日趋没落趋势。

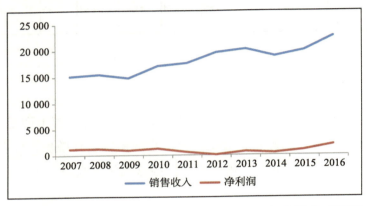

图6-2 晨鸣纸业销售收入及净利润

但对晨鸣纸业和其他优秀纸业公司来说,有一个经营上的重大利好,也就是我国淘汰落后产能使得行业内的企业数量在过去10年大幅度下降,这些被淘汰的落后产能的市场份额逐渐向少数龙头企业集中,从而减少了供给和恶性竞争,使得纸品价格得到大幅度回升。无论是从行业指标还是企业指标来看,2005年是个重要的分水岭。2005年及之前,我国机制纸新增产能呈明显上升趋势,而在2005年之后,则开始出现大幅度的回落,及至随后10年的优胜劣汰。纸品行业竞争白热化是在2011~2012年。目前,应当说又开始进入一个新的景气周期。

或许是受纸品行业景气度的影响,公司为寻找新的增长点,在2012年之后开始拓宽业务发展领域,这些领域包括电力及热力供应、建筑材料、酒店服务以及化工用品等。由此也可看出,管理层为提升公司收入增长,也不乏各种努力。但总体上,这些业务在销售收入中至今占比仍然不大,约 15%,而且增长缓慢或没有增长。从这个意义上来说,到目前为止,公司还没有真正找到未来业务增长的突破口。

单从纸品业务的增长来看,2007 年销售 108 亿元,2016 年销售 195 亿元,接近翻一番的水平,增长 80%,平均年复合增长率不足 10%,6%~7% 的水平。这个增长率略高于行业平均水平,但低于同期 GDP 增长水平。

然而,转机在 2015 年开始显现。纸品市场价格的不断走高,促进了行业内企业的收入和利润快速增长,所以,晨鸣纸业也似乎摆脱颓势,实现较快速度的增长。单从 2016 年一季报分析我们便可发现,一季度的销售收入达到 63 亿元,实现税后净利润 7 亿元,分别较上年同期增长 26.7% 和 79%。公司销售收入和净利润较之以往同期均有大幅度的提升。这在以前年度是从未有过的现象。当然,这一价格走高的趋势能维系多长时间,又能够给公司带来多大的利益和影响,目前尚未可知。

### 6.5.2 销售毛利率分析

过去 10 年,晨鸣纸业虽有发展,但增长缓慢。近两年,随着政府淘汰行业落后产能的政策得以普遍落实,行业集中度提升,纸品价格也开始走高,从而行业内的企业也迎来了新一轮的快速增长。产品价格走高带来的直接效应便是销售毛利率的提升。2014 年及以前的销售毛利率一直维持在 20% 以下(19.78%),最困难的是 2011 年和 2012 年,毛利率仅为 15%~16%。而自 2015 年始,则升高至 27.06%,2016 年进一步升高至 31.08%,2016 年一季报的数据显示,其毛利率还在进一步提升,至 31.92%。如果纸品市场继续维持目前的价格走势,我们有理由相信,公司 2017 年度的利润将会十分丰厚。由此我们知道,一家公司想要经营成功,仅靠后天的努力是远远不够的,行业景气度等先天性的因素,在其中发挥着至关重要的作用。

晨鸣纸业销售毛利率如图 6-3 所示。

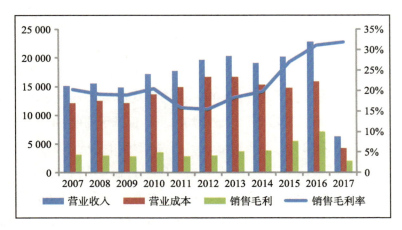

图 6-3　晨鸣纸业销售毛利率

### 6.5.3　销售地域分布分析

从生产能力上看，这家公司年浆纸产能 850 多万吨，是全球最大的制浆造纸生产基地，拥有数十余条国际尖端水平的制浆造纸生产线，其产品号称远销全球 50 多个国家和地区。国内销售 196 亿元，海外销售 33 亿元，海外销售约占总销售的 14%。所以，这是一家具有一定国际化程度的专业造纸公司。

晨鸣纸业销售分布如图 6-4 所示。

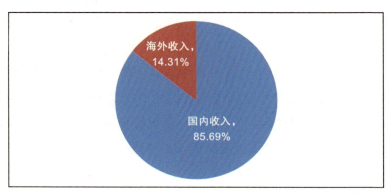

图 6-4　晨鸣纸业销售分布

由此可知，从经营层面来看，晨鸣纸业是一家传统产业的公司，经营上基本靠天吃饭。由于电子信息技术的普及和应用，压缩了传统纸业公司的增长空间，公司管理层虽然对拓宽收入渠道采取了诸多措施与办法，但总体上收效甚微，有病急乱投医的感觉。公司最近两年业绩大幅度提升，主要源自纸品市场的价格上涨。如果这一趋势能得以保持，作为行业内的龙头企业自然也会受益匪浅。

## 6.6 管理层面：资产膨胀

以上内容是有关公司经营上的成功要素。接下来，让我们来分析公司管理上是否成功。在管理层面，我们将着重分析销售收入和资产构成这两个指标及其相互关系，以深刻理解这家公司资产布局，及其与产能之间的关系。

### 6.6.1 资产周转率分析

透过资产负债表的分析我们发现，2007 年，公司总资产规模为 219 亿元，销售收入为 152 亿元；而至 2016 年度末，其资产总额已增长至 823 亿元，销售收入则只及 229 亿元。10 年时间，资产规模增长了 275%，远高于同期销售收入的增长率（51%），这必然导致公司资产使用效率的下降，也就是资产周转率的下降。资产周转率从 2007 年的 0.69 次，下降至 2016 年的 0.28 次。

晨鸣纸业资产周转率如图 6-5 所示。

一家企业最忌讳的事情就是销售收入不增长而资产规模疯长，犹如一个人不运动，只管贪吃贪睡猛长肉。企业资产规模变大了，但产出效率却下降了，这样的增长必然使企业的财务业绩雪上加霜。因此，对于那些销售收入增长乏力的行业和公司来说，管理层尤其应当高度警惕公司资产规模增长过快。正确的做法应当是反过来，在销售收入不能快速增长的前提下，寻找更好的方法瘦身，以达到提质增效的目标，而不是病急乱投医，盲目投资和扩大规模。这或许是晨鸣纸业当前所面临的首要问题。如果公司资产规模不能得到有效的控制，而销售收入又不能大幅度增长，那么，公司在未来的经营必然会变得愈加困难，从而步入难以自拔的境地。

图6-5　晨鸣纸业资产周转率

### 6.6.2　资产构成分析

如果进一步分析公司资产规模过快增长的原因，我们发现，晨鸣纸业对固定资产的投入具有较大的依赖性。公司非流动资产占总资产的比重曾经高达70%（2007年），目前虽有逐步减轻的趋势，但2016年年末仍然高达57%，所以，这是一家典型的重资产公司。如果公司产能得不到有效释放，那么，公司未来经营便会面临较大的风险。在市场低迷的情况下更是如此。

晨鸣纸业非流动资产占比如图6-6所示。

图 6-6　晨鸣纸业非流动资产占比

相对于公司非流动资产增长而言，公司资产增长的主要原因还在于公司流动资产的增长。公司流动资产从 10 年前的 66 亿元，增长至目前的 358 亿元，增长了 4 倍多。

晨鸣纸业流动资产占比如图 6-7 所示。

图 6-7　晨鸣纸业流动资产占比

其中，现金及现金等价物的增幅最高，公司现金及其等价物 10 年前为 6 亿元，而至目前则高达 101 亿元，增长了 15 倍。虽然现金资产是高质量的资产，作为资产本身，它的风险较小；但若使用效率不充分，同样会导致资产使用效率的下降。

### 6.6.3 存货周转率分析

公司存货也未能得到有效控制，2007 年的存货周转率高达 7 次，存货余额仅为 17 亿元；而 2016 年的存货则高达 49 亿元，略低于 2015 年 52 亿元的水平，高额的存货导致存货周转率显著下降，目前已降至 3.2 次。当然，如果存货的高企是因为公司管理层看准了纸品涨价的趋势主动而为，那么，这种存货高则又转变成了效益，变成了好事。

晨鸣纸业存货周转率如图 6-8 所示。

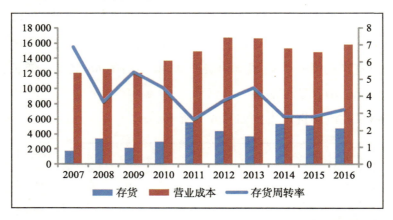

图 6-8　晨鸣纸业存货周转率

### 6.6.4 应收款项周转率分析

公司应收款项的管理也不尽如人意，2007 年达 3.7 次，而 2016 年则为 2.6 次。从以上几个方面来看，公司资产利用效率较之 2007 年有程度不同的下降，这也就意味着公司的管理水平其实已不及 10 年之前的水准。盲目扩张和转型导致资产规模快速增长可能是其效率下降的主要因素。

晨鸣纸业应收款项周转率如图 6-9 所示。

图 6-9　晨鸣纸业应收款项周转率

## 6.7　财务层面：负债率偏高

从财务层面来看，我们将着重讨论公司的财务风险和资本成本两个方面。从前述分析中我们知道，公司资产规模在过去 10 年曾经有过大幅度的增长，从 219 亿元到 823 亿元。那么，支撑这一增长的资本从何而来？

首先，我们来分析它的资本构成。2007 年的股东权益 102 亿元，至 2016 年，其股东权益增长至 226 亿元，增长 122%，也就是说，股东追加投资了 124 亿元。如果扣除 45 亿元的优先股权益的话，实际上股东并未再投资，而只是过去 10 年实现的未分配利润。

其次，公司新增负债 483 亿元，从 2007 年的 117 亿元增长至 2016 年的 597 亿元，资产负债率也因此从 54% 提升至 73%。其中，新增长、短期借款及债券 410 亿元，当期借款利息高达 18 亿元。一方面，公司因资金不足向市场发行债券和取得银行借款；另一方面，公司账面保有较为富裕的现金并向外委托贷款和提供融资租赁服务以获取利差。由于负债比例较高，且债券及贷款利率偏低，为 3%～5%，从而降低了公司加权平均资本成本。从这里也可以看出，公司试图利用自身 A、B、H 股等多种融资平台的优势，挖掘公司资本运作方面的潜力，增加公司的收益。

晨鸣纸业资产负债率如图6-10所示。

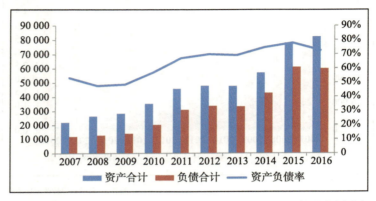

图6-10　晨鸣纸业资产负债率

最后，通过现金流量表的分析我们发现，公司在过去10年，尽管行业增长缓慢、停滞不前，但公司投资一直都比较活跃。投资活动所导致的净现金流出在过去3年都在30亿元以上。2010年，更是高达64亿元。马不停蹄地购建各种固定资产导致公司资产规模迅速膨胀，从而成为拖累公司股东回报和未来发展的包袱。这或许只是晨鸣纸业的个案，又或许是国有企业的通病。如果这家公司能够在规模扩张方面更加谨慎，或许它将成为一家难得的小而精致的绩优公司。

晨鸣纸业投资活动现金流量净额如图6-11所示。

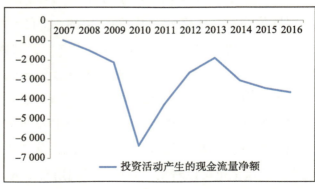

图6-11　晨鸣纸业投资活动现金流量净额

## 6.8 业绩层面：不尽如人意

受资产规模膨胀的拖累，虽然公司利润在 2016 年度获得了大幅度的增长，但股东回报仍然是不尽如人意。除 2007 年达到 12% 之外，其他年份均未超过 10%，2016 年也不足 10%（仅为 9%），这真是让人唏嘘、感叹。2017 年一季度的净利润已高达 7 亿元，期待公司 2017 年能够再次给股东提供丰厚的回报。

晨鸣纸业 ROE 指标如图 6-12 所示。

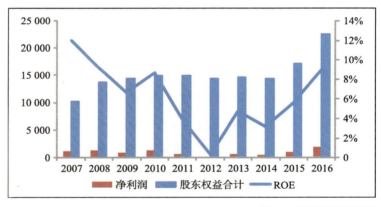

图 6-12　晨鸣纸业 ROE 指标

## 6.9　简要结论

综合上述穿透式分析，我们对晨鸣纸业这家公司得出如下结论：

这是一家专业经营各种纸品的国有上市公司，公司经营稳健，但由于受信息技术发展的影响，纸品市场需求萎缩，因此，公司在过去 10 年未能获得较快增长。虽然公司也试图在相关产业领域获得突破，如融资租赁、电力及热力、建筑材料、化工用品及酒店服务等，但收效甚微，除了对公司主营业务形成拖累之外，很难对销售收入和净利润产生实质性的积极影响。当然，或许这些投资有其不为人知的历史背景和必然性,比如说加强环保、治理污染,但从财务层面来观察,盲目扩张或多元化,是导致其财务指标变坏的主要原因。

晨鸣纸业拥有国内顶级的造纸生产线和较大的研发投入,2016年度技术开发费高达7.35亿元,但产品对市场的依赖度仍然较大。随着最近两年纸品市场价格走高,公司业绩开始获得大幅度的提升。但由于过去年度盲目投资,积弊已久,这种市场的好转并不能在实质意义上扭转颓势。公司要获得新的发展机会,还需要走精品和精简发展之路,提高自身核心竞争能力。一味地多元化,只会使公司越陷越深。

晨鸣纸业是少数几家业绩优良而又跌破公司账面净资产的公司。这样的一家公司为何股价却能在一个月时间内上涨40%呢?究其原因,则主要在于最近两年纸品价格的大幅度上扬,公司销售和净利润呈现出较大幅度的增长。2017年一季度的销售收入达到63亿元,实现税后净利润7亿元,分别较上年同期增长26.7%和79%。而刚刚发布的中报业绩预期高达17亿~18亿元人民币,远远高于市场预期。上天如此眷顾这家公司,投资人又怎会不爱呢?假以时日,若公司能够厘清发展思路、提高管理效率,那么,这家公司的业绩表现将会更加优异。

薛云奎<br>
2017年6月1日星期四于上海下沙

# 07 / 世茂股份
## 盈利丰厚但增长乏力

## 7.1　高端商业地产开发商

　　世茂股份，全称上海世茂股份有限公司，是一家商业地产开发商，致力于商业地产的专业化销售和经营，打造高标准的商业综合体。业务领域主要涉及房地产开发与销售、商业物业管理与经营，以及多元化商业投资。目前做的基本都是高端商业物业，主要聚焦在长三角、环渤海，以及海西地区的一、二线经济发达城市。

　　世茂股份算不算是一家绩优公司？2016年度，其销售收入137亿元，税后净利润27亿元，销售净利润率高达20%。公司目前的总市值为190亿元，市盈率8倍多，不足9倍。单从这一指标来看，它无疑是一家被市场低估的绩优公司。但是，当你了解到它2015年度的销售收入是150亿元，而净利润是29亿元时，或许就会明白为什么它的股价徘徊不前了。因为一家公司的价值关键并不在于盈利，而在于增长。如果一家公司的销售和利润不能持续增长，那么，其利润回报扣掉资本成本，公司价值也就所剩无几了。

## 7.2 经营层面：稳定但不增长

经营层面的分析，我们着重于销售收入和净利润的构成及质量分析。

### 7.2.1 净利润构成分析

2016 年度，公司税后净利润 27.38 亿元，税前利润 38.28 亿元，所得税 10.9 亿元，实际所得税率 28.5%，略高于 149 家房地产行业上市公司的平均水平（25.08%）。在公司 38 亿元的税前利润中，有超过 40% 源自公司减持物业的增值收益。其中，10.84 亿元为处置子公司的净收益 [向乐视控股（北京）有限公司转让下属北京财富时代置业有限公司及北京百鼎新世纪商业管理有限公司 100% 控股股权，交易价格合计 29.72 亿元]，另外的 5.77 亿元为投资性房地产公允价值变动收益，两者相加共占公司税前利润的 43%。虽然投资收益也是收益，但它的不同之处在于，这类收益在未来不具有长期可持续性。

### 7.2.2 销售构成分析

2016 年度销售收入 137.08 亿元，其中房产销售 127 亿元。在房产销售中，住宅销售 81 亿元，商业地产销售 46 亿元。房屋租赁和物业管理服务等收入约 8 亿元，酒店与院线总收入不足 2 亿元，占比很低，几乎可以忽略不计。

世茂股份销售构成如图 7-1 所示。

### 7.2.3 销售分布分析

从销售的地域分布来说，华东市场 121 亿元，接近销售总额的 90%；

华南、华北、华中市场约17亿元，占比10%稍多一点。所以，从销售构成上来说，公司基本上还是以华东市场为根据地，在华东市场具有较大的影响力。

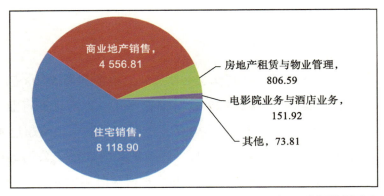

图7-1　世茂股份销售构成

世茂股份销售分布如图7-2所示。

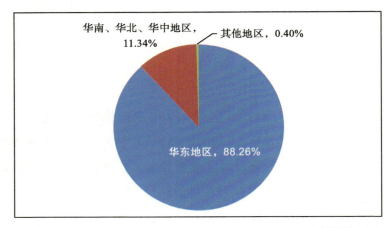

图7-2　世茂股份销售分布

### 7.2.4　销售毛利率分析

世茂股份，是一家品牌知名度很高的房地产公司。虽然它在房地产领域的排名在 10 名开外，但其高端物业的品牌影响力却远在其排名之上。它始终聚焦于上海、北京等一线城市，致力于打造城市高端商业物业和住宅，成就了较高的毛利率，产品在市场上具有较大的差异性。所有产品中，住宅与商业地产的销售毛利率分别为 32% 和 33%，租赁（79.41%）与物业服务 (99.23%) 以及院线业务（48.52%）等的毛利率稍高一些。

世茂股份销售毛利率（按品种）如表 7-1 所示。

表 7-1　世茂股份销售毛利率（按品种）

|  | 销售收入 | 销售成本 | 销售毛利 | 销售毛利率 |
| --- | --- | --- | --- | --- |
| 住宅销售 | 8 118.90 | 5 521.41 | 2 597.49 | 31.99% |
| 商业地产销售 | 4 556.81 | 3 041.44 | 1 515.37 | 33.26% |
| 房地产租赁 | 553.58 | 113.98 | 439.61 | 79.41% |
| 电影院业务 | 26.25 | 13.51 | 12.74 | 48.52% |
| 酒店服务业务 | 125.67 | 74.23 | 51.44 | 40.94% |
| 物业管理 | 253.00 | 1.96 | 251.04 | 99.23% |
| 其他 | 73.81 | 28.12 | 45.70 | 61.91% |

纵观过去三年的经营情况，公司销售收入基本徘徊在 130 亿～150 亿元。2014 年度销售 127 亿元，2015 年度销售 150 亿元，2016 年度销售 137 亿元，2016 年较之上一年度略有下降。房产销售毛利也有较大幅度的下降。这在一定程度上表达出公司经营层面上所面临的一些挑战与压力。

2016 年度，公司综合销售毛利率 35.84%，远高于行业平均水平（中位数 27.50%，平均值 26.24%），这似乎表明公司盈利能力很强。但如果我们观察一个更长的时间窗就会发现，这家公司虽然有较高的毛利率，但这一毛利率呈现的规律却是下降的趋势。2013 年度 41.80%，2014 年度 41.40%，2015 年度则降至 36.32%。毛利率最高的年份是 2010 年，曾经高达 50% 以上。这似乎又表明，它的盈利能力在减弱，产品在市场上的高端地位也正处在被削弱的过程之中。

世茂股份销售毛利率如图 7-3 所示。

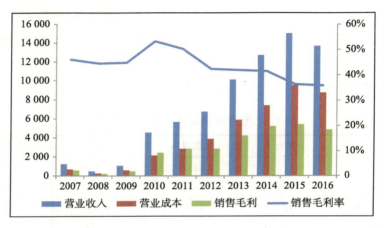

图 7-3　世茂股份销售毛利率

行业毛利率过去 5 年基本呈稳定下降趋势。2013 年，行业平均销售毛利率为 33.55%，2014 年为 31.91%，2015 年为 28.24%，2016 年为 27.22%。这也许是土地价格上涨，行业竞争加剧，或政府调控等多方面原因形成的。但相比之下，世茂股份毛利的下降除了市场原因之外，可能还有自身的原因，因为它的毛利率下降幅度要明显高于行业平均毛利的下降幅度。

### 7.2.5　销售增长分析

房地产行业是一个特殊的行业，它以项目公司为主，而项目公司又是非持续经营的主体。项目完工、销售、交付使用，项目公司便完成使命，所以，很难准确预测房地产企业的未来增长趋势，尤其是不具规模的房地产企业。公司销售增长波动很大。2014 年度销售 127 亿元，2015 年度销售 150 亿元，2016 年度销售 137 亿元。快速增长的 2009 年和 2010 年，其销售收入的增长率分别为 122% 和 330%，而在调整期的 2007 年和 2008 年，其增长率又为负的 41% 和负的 62%。这种波动既可能是因为国家宏观调控，也可能是因为公司市场把控能力欠佳。因此，就总体而言，公司过去几年的经营略显颓势，未来增长规律被破坏，风险加大。但平均而言，公司在过去 10 年基本上增长了 10 倍，年度平均复合增长率在 30% 以上。

世茂股份销售收入及其增长如图 7-4 所示。

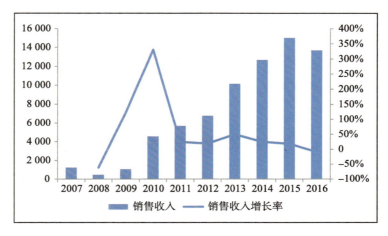

图 7-4　世茂股份销售收入及其增长

判断房地产企业未来增长的因素，除了过去的增长速度外，另外一个重要推动因素就是土地储备。截至 2016 年度末，公司共持有在建/待建的土地储备建筑面积约 1 000 万平方米，这是公司两三年的开发规模。因此，可以预期公司在未来 3 年时间内，应该能够保持一定的增长速度。

以上，我们分别透过公司的销售构成、利润构成、销售增长、毛利变化等几个方面，结合行业发展情况，对世茂股份的经营做了一个较为全面的评述。总体上，这家公司在房地产领域聚焦上海、北京等一线城市，致力于打造城市高端商业物业和住宅，成就了公司的品牌和较高的毛利率，产品在市场上具有较大的差异性，公司盈利能力也很强。但由于房地产行业的特殊性，公司销售增长波动较大，我们很难区分这种波动是国家宏观调控的结果，还是公司市场把控能力欠佳所致。从总体上看，公司过去几年的经营略显颓势。一是因为它的销售波动，二是因为它毛利水平持续下降。在策略上，公司过去几年已开始大幅度减持过去自持的商业物业，我们很难识别这种减持是公司在收缩战线，还是战略转型的主动调整。当然，由于公司自持物业在过去持有期间都有大幅度的升值，因此，这类减持也给公司提供了高额的投资回报，从而推高了公司的整体业绩。由于投资减持物业的不可持续性，这或许是其市盈率整体偏低的主要原因。

## 7.3 管理层面：自持物业升值潜力

这家公司的管理是否卓越？在管理层面，我们将着重分析它的资产构成及其与销售的关系。

### 7.3.1 资产周转率分析

截至 2016 年度末，公司资产规模为 800 亿元，销售收入 137 亿元，所以，这也是一家资产利用效率很低的公司。由于公司采用"以商业地产为主、多元业务为辅"的发展策略，采用"租售并举、多元协同"的商业模式，所以，公司自持物业和土地储备的增加导致公司资产规模持续增长。资产规模从 2007 年的 31 亿元，增长到目前的 800 亿元，增长了约 25 倍。而同期销售收入则仅从 12 亿元增长到目前的 137 亿元，仅增长了 10 倍多一点。由此，导致公司资产周转率从 10 年前的 0.4 次下降为目前的 0.17 次。这种下降究竟算是好事还是坏事？如果放在一般的制造业企业，毫无疑问，资产规模的扩张导致资产利用效率下降一定是坏事；但若放在房地产企业，结论很可能正好相反。因为土地和商业物业市场价格的持续上涨很可能为公司带来额外的增值收益。

世茂股份资产周转率如图 7-5 所示。

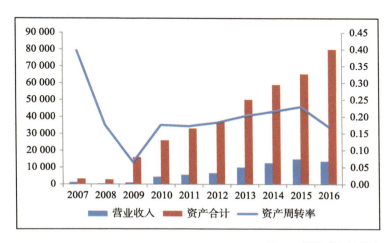

图 7-5　世茂股份资产周转率

## 7.3.2　非流动资产占比分析

在公司 800 亿元总资产中，非流动资产 324 亿元，流动资产 475 亿元，非流动资产占总资产的比重为 41%，2007 年这一占比为 33%。在 324 亿元非流动资产中，自持物业——投资性房地产增长最快，2016 年的净值为 255 亿元，而 2007 年仅为 1 400 万元。除此之外，房地产公司的自持物业还很有可能表现为长期股权投资，也就是以股权形式所持有的投资物业。当然，股权投资项也很有可能表达的是公司其他的多元股权投资。2016 年，该项目下的净值为 20 亿元。由此可知，公司资产规模的增长主要是公司投资性房地产大幅度增长所致。

世茂股份非流动资产占比如图 7-6 所示。

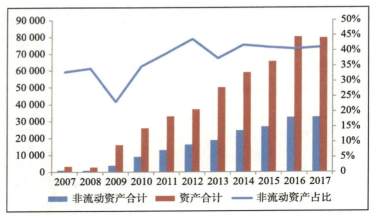

图 7-6 世茂股份非流动资产占比

### 7.3.3 存货周转率分析

除此之外，公司流动资产在过去 10 年也保持了较大幅度的增长。2016 年的流动资产总额 475 亿元，其中，存货为 303 亿元，占流动资产总额的 64%，略低于 2015 年度 68% 的水平。存货周转率为 0.29 次，也低于上一年度 0.36 次的水平，这一下降主要是公司销售收入的大幅度下降所引起。一般意义上，存货的增长和存货周转率的下降对大部分企业来说都是坏消息，但对于房地产企业来说，它很可能表达的是公司的土地储备，是公司未来的增长潜力。

世茂股份存货周转率如图 7-7 所示。

### 7.3.4 应收款项周转率分析

最后，我们再来看公司应收款项的管理。公司应收款项通常包括会计上的应收账款、应收票据和预付账款等三科目。2016 年度三者合计的应收款项周转率为 3.13 次，远低于上年 6.61 次的水平。这也表明公司 2016 年度的发展远不及 2015 年。

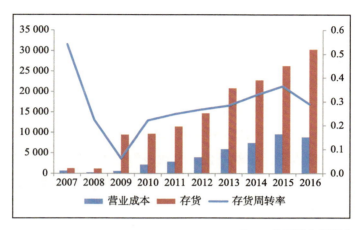

图 7-7 世茂股份存货周转率

世茂股份应收款项周转率如图 7-8 所示。

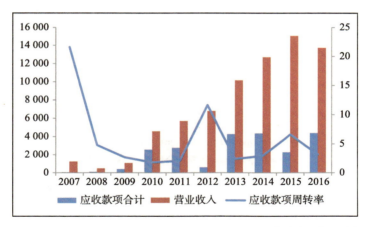

图 7-8 世茂股份应收款项周转率

## 7.4 财务层面：稳健、保守

财务层面的分析将着重讨论公司的偿债能力和资本成本。

### 7.4.1 资产负债率分析

在公司 800 亿元的总资产中,其中有 299 亿元(也就是接近 300 亿元)由股东提供。10 年前,公司股东权益为 31 亿元,10 年时间,差不多增长了 9 倍,余下 501 亿元为负债。公司资产负债率 62%,基本与上一年度持平,较之 10 年前的 50% 有较大幅度的提升,但远低于行业中位数 75% 的负债水平。也就是说,世茂股份财务风险在已上市的房地产企业中应当是比较低的。万科、绿地、荣盛、华夏幸福等房地产企业的资产负债率都远超 80%。

世茂股份资产负债率如图 7-9 所示。

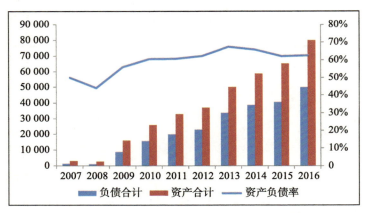

图 7-9 世茂股份资产负债率

### 7.4.2 融资结构分析

从融资结构来看,公司通过定向增发和配股募资 100 亿元,债券及长短期借款 94 亿元,而且债券融资利率在 3% 左右,2016 年度的财务费用仅为 6 000 万元,资本成本很低。商业负债 497 亿元,其中应付及预收款 152 亿元,占用关联方款项 120 亿元,其他商业负债 125 亿元。如果进一步分析其短期偿债能力,其账面流动资产余额为 475 亿元,而流动负债则为 370 亿元，流动比率为 1.29，短期支付风险可控。

世茂股份流动比率如图 7-10 所示。

图 7-10　世茂股份流动比率

## 7.5　业绩层面：长期偏低

最后，分析世茂股份的财务业绩与股东回报。

公司 2016 年度股东回报率（ROE）9.18%，略低于上一年度 11.84% 的水平，而 2014 年度则为 13%。相比之下，公司股东回报率呈现出持续走低的趋势，而且远低于行业中位值的水平（2016 年 18.73%）。其中一个主要原因可能是公司负债率相对偏低。相比较而言，虽然资产负债率越高的公司，财务风险越大，但加权平均资本成本也会越低。如果公司加大现金分红，进一步优化资本结构，应该可以稳定或提升公司的股东回报率。

世茂股份 ROE 指标如图 7-11 所示。

公司 2016 年度实现税后净利润 27.38 亿元，而经营活动现金净流入仅为 11.35 亿元，远低于同期净利润。还好投资活动产生 12.7 亿元的现金净流入，这与公司近一半的利润源自于投资减持所产生的收益也是相应的。以上两现金净流入保证了公司的现金周转，并且有机会加大现金分红力度和债务偿还力度，降低公司财务费用。

图 7-11　世茂股份 ROE 指标

## 7.6　简要结论

综合上述穿透式分析，我们对世茂股份这家公司得出如下结论：

世茂股份是一家专业从事房地产开发、经营的企业，定位高端，主营业务突出。尽管公司市值和销售规模位居国内上市公司 10 名开外，但公司经营风格稳健，财务杠杆远低于行业平均水平，财务风险较低，当然这也导致公司股东回报长期偏低。

公司自 2007 年开始，逐年增持投资性商业物业，导致公司资产规模扩张，尤其是投资性房地产规模迅速扩张，从而引起各项管理效率指标下降。自 2013 年开始，公司开始逐年在市场上减持部分物业，收回投资收益，获利丰厚。2016 年减持投资所取得的收益占到利润总额的 40% 以上。这在一定程度上也推高了公司的总体盈利水平。

公司目前的股东权益合计已高达 298 亿元，其中归属于母公司的股东权益 198 亿元，但目前公司的市值仅为 180 亿元，低于公司股东权益的账面净值。从表面上看，这家公司利润丰厚，土地和自持物业尚有较大溢价空间，但为何未能得到市场认同？我们认为：一方面，公司股东权益占比较大，负债率偏低，导致股东权益的报酬率长期偏低；另一方面，减持自持物业所实现的收益虽然有助于推高公司当前的盈利水平，但未来的可持续性较差，因此，其盈利质量较低。

今年，公司通过大比例的现金分红（18 亿元），降低了股东权益的水平；通过自持物业的减低，压缩了资产规模。这些策略都有助于提升公司的管理效率和股东回报。但这是否意味着公司正在收缩阵线或者正在徘徊转型呢？由此，公司面临的主要挑战还在于销售收入的持续增长和销售毛利水平的稳定提升。否则，公司未来发展必然会受此困扰和影响。

薛云奎<br>2017 年 6 月 2 日星期五于上海下沙<br>2017 年 6 月 28 日星期三修订于温哥华

# 08 / 东阿阿胶
## 成功的经营，保守的财技

## 8.1 中国滋补养生第一品牌

东阿阿胶，号称中华老字号的驰名商标。它地处的山东东阿县号称历史上的阿胶发祥地，据传生产阿胶的历史已有 2 000 多年，因此也称之为"阿胶之乡"。阿胶的主要原料是驴皮，中成药"复方阿胶浆"号称具有补气养血之功效。因此，东阿阿胶公司生产的阿胶系列产品，便成为亲朋好友间馈赠的佳品。

驴皮的药用价值使其在过去 10 年的价格一路走高，一头驴只有一张皮，而一张驴皮的价格在过去 10 年差不多涨了 10 倍。驴正常生长周期需要两年，目前全国的存栏量只有 600 万～700 万头，十分珍稀。而养驴费时费力，所以，驴皮供应日趋紧张。驴皮越是涨价，越是供不应求，驴的存栏量就越是减少。东阿阿胶公司为打造自身产品的品牌，在驴皮的来源端，肯花力气、下功夫。它在新疆维吾尔自治区、内蒙古自治区、甘肃、辽宁、云南、山东等地建立了 20 个标准化的养驴示范基地，率先实现"驴皮溯源工程"，也就是利用原料基地与当地政府合作，广泛建立良种驴育种中心和良种驴改良站，通过实施配种登记、疫病防治、养殖指导、死亡登记、后裔测定等科学工程，使原料基地所在地区的驴成为可追溯的、有档案的家畜，在药物残留等方面达到绿色食品标准。

与此同时，东阿阿胶号称制作技艺精湛，有近百余道工序，独创了全国首部《阿胶生产工艺规程》和《阿胶生产岗位操作法》，被列为国家级保密工艺。所以，公司产品在同类产品的市场上，几乎成为行业的代名词。它已然成为中国滋补养生第一品牌和中成药最大单品。

公司隶属央企华润集团。华润旗下有两家公司，华润东阿阿胶有限公司和华润医药投资有限公司分别持有23.14%和5%的股权，合计持股28.14%。2016年度，东阿阿胶实现销售收入63亿元，其中阿胶及其系列产品销售54亿元，占销售总额的85%。所以，这也是一家专业性特别明显甚至可称之为单一产品经营的公司。公司虽然曾经也经营医疗器械、保健食品、药用辅料等产品，但最终都被抛弃而聚焦主业，这在中国当前营商环境下实属不易之举。

以下，我们仍然从四个层面来分析这是怎样的一家公司，包括经营层面、管理层面、财务层面和业绩层面。

## 8.2 主营业务突出

### 8.2.1 利润构成分析

2016年度，公司销售收入63.17亿元，税后净利润18.55亿元，税前利润21.96亿元，所得税3.41亿元，实际所得税率15.5%，略高于上市公司行业平均水平14.6%。在税前利润21.96亿元中，有投资收益1.07亿元，主要包括各种股权投资收益和理财产品利息收入等。该等收益仅占公司税前利润的5%（4.9%）不到，除此之外，营业外收入3 900万元扣减营业外支出后的净额约3 300万元。二者合计占税前利润的6.4%。由此我们知道，公司利润的90%以上均由公司主营业务利润贡献。

东阿阿胶主营业务利润占比如图8-1所示。

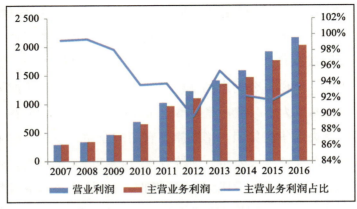

图 8-1　东阿阿胶主营业务利润占比

### 8.2.2　销售构成分析

2016 年度 63 亿元的销售收入中，有 54 亿元源自阿胶及系列产品，占销售收入的 85% 以上。包括医药贸易在内的其他销售不足 10 亿元，约占 15%。在成长方式方面，公司完全依赖内生性而非购并增长模式，控股公司均为公司根据业务发展需要出资设立，严格控制资产规模和费用增长，从而保持了公司较高的运营效率。

东阿阿胶销售构成如图 8-2 所示。

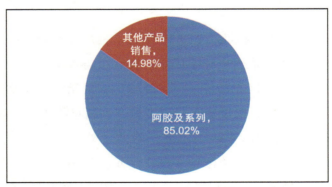

图 8-2　东阿阿胶销售构成

公司净利润 2007 年为 2.11 亿元，2016 年度为 18.55 亿元，增长了

7倍多。净利润的增长远高于销售收入的增长幅度。这其中有规模效应的原因，当然，更主要的原因是销售毛利率的提升。

东阿阿胶销售收入及净利润如图8-3所示。

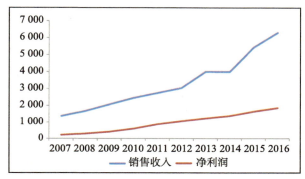

图8-3　东阿阿胶销售收入及净利润

### 8.2.3　销售毛利率分析

公司销售毛利率高达67%，远高于行业中位值49.54%的水平。10年前，公司销售毛利率为53%，10年提升了14个百分点。这意味着公司在过去10年极大地提升了产品的美誉度和产品品质，公司品牌经营成效十分显著。

东阿阿胶销售毛利率如图8-4所示。

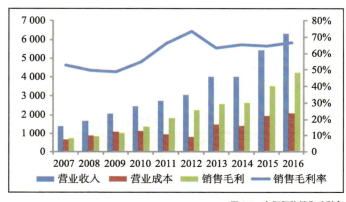

图8-4　东阿阿胶销售毛利率

### 8.2.4 研发费用和销售费用分析

公司在过去 10 年的成长方式，完全依赖内生性而非购并增长模式，控股公司均为公司根据业务发展需要出资设立。另外，公司战略定位清晰，主业分明。现有员工 4 391 人，其中有博士学位员工 7 人，硕士学位员工 181 人。销售人员占 49.65%，约接近公司员工的一半。销售费用 16.18 亿元，仅占销售收入的 25.6%，远低于行业平均水平 28.4%。

东阿阿胶销售费用占比如图 8-5 所示。

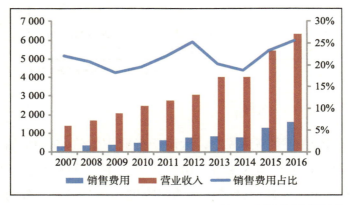

图 8-5　东阿阿胶销售费用占比

研发投入 1.68 亿元，较之上年 1.56 亿元增长 7.82%，占销售收入的比重为 2.7%。相对而言，公司对营销的重视程度要远胜于对研发的重视程度。或许，由于公司用的是祖传秘方，不需要那么多的研究与开发支出，也未可知。

东阿阿胶研发费用及其占比如表 8-1 所示。

表 8-1　东阿阿胶研发费用及其占比

|  | 2015 年 | 2016 年 | 变动比例 |
| --- | --- | --- | --- |
| 研发投入金额 | 155.85 | 168.03 | 7.82% |
| 研发投入占营业收入比例 | 2.86% | 2.66% | −0.20% |

透过这一部分的分析,我们大体上可以明确:

第一,这家公司在过去10年主营业务突出,一直聚焦于阿胶及其系列产品的开发与经营,克服了盲目多元化和盲目投资的误区,因此,战略定位十分成功。

第二,这家公司在过去10年,净利润的增长速度远快于销售收入的增长速度,销售收入的增长尚不足4倍,但净利润的增长达到7倍多,其主要原因在于公司销售毛利率的大幅度提升。10年间提高了14个百分点,这两个指标充分说明公司在过去10年产品经营得非常成功。

第三,这家公司在理念上也与诸多同行业企业类似,对营销的重视程度要远胜于对研究与开发的重视。在预算投入上,营销费用的投入是研发投入的10倍以上,但相对而言,其营销费用占销售收入的比重在行业内还是比较偏低的。如果阿胶产品作为传统配方无需更多的研发改良,那么,这种研发投入的占比或许也无可厚非。

## 8.3 管理专业,但存货高企

### 8.3.1 资产周转率分析

在管理效率方面,公司2016年度末资产规模约为100亿元,支撑的销售收入63亿元,资产周转率0.63次,低于10年前0.86次的水平。

东阿阿胶资产周转率如图8-6所示。

从资产构成来看,流动资产76亿元,非流动资产24亿元,非流动资产占比24%,远低于10年前34%的水平。这在一定程度上表明公司聚焦于阿胶产品的定力与布局。

东阿阿胶非流动资产占比如图8-7所示。

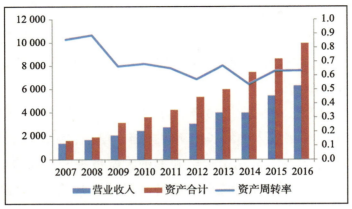

图 8-6　东阿阿胶资产周转率

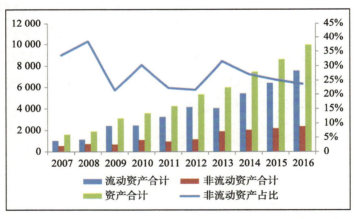

图 8-7　东阿阿胶非流动资产占比

透过非流动资产构成项目的变化趋势分析，在过去 10 年，公司长期股权投资在逐渐降低，以土地使用权为主的无形资产投资也增长不大。这在一定程度上也表明，公司聚焦于阿胶产品的定力与布局，战略构思非常明晰。

### 8.3.2　流动资产周转率分析

公司流动资产的增长远快于销售收入的增长，流动资产从 10 年前的 10.63 亿元，增长至目前的 75.83 亿元，增长 6 倍以上，而同期销售收入的增长尚不足 4 倍，所以，导致公司流动资产的利用效率下降，流动资产周转率从 1.3 次下降为 0.83 次。

东阿阿胶流动资产周转率如图 8-8 所示。东阿阿胶存货周转率如图 8-9 所示。

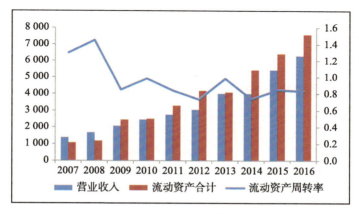

图 8-8　东阿阿胶流动资产周转率

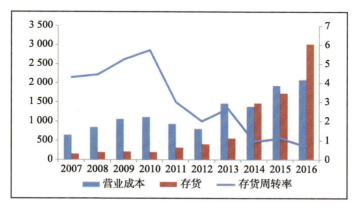

图 8-9　东阿阿胶存货周转率

流动资产中，主要是存货增长明显，2007 年的存货为 1.5 亿元，而 2016 年的存货则高达 30.14 亿元，增长了 19 倍；较上一年度存货余额的 17.25 亿元也增长了 75%。这主要是因为公司在 2016 年增加了约 12 亿元的原材料储备。无论这种储备是源自战略主动还是经营被动，从管理角度来说，它都是一个减分的因素。

### 8.3.3 应收款项周转率分析

公司应收款项（应收账款／应收票据／预付款项）周转率较之 10 年前有较大的进步，10 年前的周转率为 4.35 次，而目前的周转率为 9.25 次。

东阿阿胶应收款项周转率如图 8-10 所示。

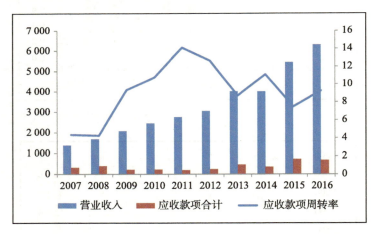

图 8-10　东阿阿胶应收款项周转率

流动资产快速增长的另外一个原因是公司现金资产的大幅度增加。2016 年度末，账面货币资金 14.15 亿元，另有理财产品余额 24 亿元，二者合计 38.2 亿元，占总资产的 38.4%。此外，在 2009~2013 年，现金资产占比均超过总资产的 50%，这说明公司现金的充裕和较高的资产质量。

东阿阿胶现金占比如图 8-11 所示。

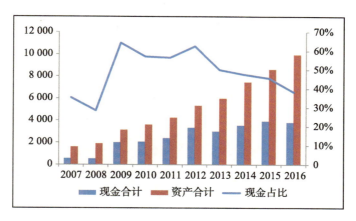

图 8-11 东阿阿胶现金占比

由此，我们可以看出，公司日常经营管理效率较之 10 年前或许并没有明显变坏，而资产周转率指标的下降则很有可能是因为战略上的思考所引起。但无论如何，存货的大幅度增长都应该引起管理层的高度重视，有时候过多的战略思考可能会导致"画虎不成反类犬"的尴尬。过多地干预市场、垄断资源在多数情况下或许会被认为是一种投机行为。

## 8.4　财务稳健、保守

### 8.4.1　偿债能力分析

在公司 100 亿元的总资产中，股东权益占到 84 亿元，负债仅有 16 亿元不到，资产负债率仅为 15.71%。公司不仅在 2016 年没有任何银行借款，在过去 10 年，公司也很少向银行或其他金融机构借钱。所以，这也是一家极度不缺钱的公司。10 年来的融资活动，除 2009 年因吸收少数股东投资有净现金进账之外，其他所有年份均为净流出，像这样不缺钱的国企控股上市公司恐怕在整个市场上也不多见。公司逐年加大现金分红比例，最近3年的现金分红总额均在5亿元人民币左右，分红率接近30%。

东阿阿胶分红率如图8-12所示。

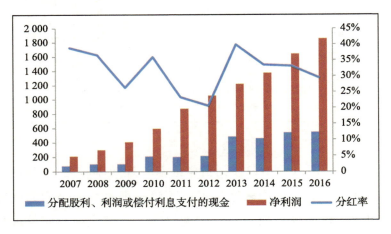

图8-12　东阿阿胶分红率

## 8.4.2　资本成本分析

从2007年开始，过去10年资产负债率的变化一直呈缓慢下降的趋势。2007年的资产负债率为21.4%，而目前为15.71%。在没有银行借款的前提下，这意味着公司在上下游的谈判能力不仅没有随着规模和品牌影响的增大而变强，反而随时间推移在逐步减弱。这不仅让人难以理解，而且从理财和经营两个角度来看，这样的局面都有待改善。公司应当在理财和优化资本结构方面多动脑筋、想办法，从而达到控制财务风险，同时降低加权平均资本成本的目的。

东阿阿胶资产负债率如图8-13所示。

公司不仅负债率偏低，未能充分利用公司规模与品牌优势增强对上下游资金占用能力，而且，公司还有大量剩余现金资产购买理财产品，形成数千万元的理财收益。

图 8-13 东阿阿胶资产负债率

## 8.5 业绩优良、持续

### 8.5.1 股东回报率分析

公司 2016 年度股东回报率（ROE）22.12%，略低于上一年度 23.12% 的水平。自 2010 年之后，公司股东回报率基本都保持在 23% 左右的水平，远高于同行业中位值 14.83% 的水平。如果公司进一步优化资本结构，提升公司资产负债率，降低公司加权平均资本成本，公司 ROE 或可有更大的提升空间。

东阿阿胶 ROE 指标如图 8-14 所示。

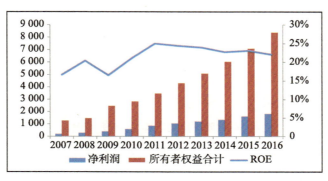

图 8-14 东阿阿胶 ROE 指标

### 8.5.2 净利润的现金含量分析

公司2016年度实现税后净利润18.55亿元,而同期经营活动产生的现金净流入仅为6.25亿元,远低于同期净利润。而且在2011年之后的过去几年,经营活动净现金对利润的保障程度都仅有70%~80%,及至2016年,净现金对净利润的保障程度仅33.67%。究其原因,一个很重要的因素就在于公司因囤积原材料而导致存货大幅度上升。与此同时,由于公司并不重视应收、应付款的管理,所以,也导致这两项资产向公司不利的方向变动,占用公司更多经营活动现金,从而影响了公司净利润的品质。由此我们可以看到,公司在现金管理方面应该还有较大的提升空间。

东阿阿胶利润现金保障倍数如图8-15所示。

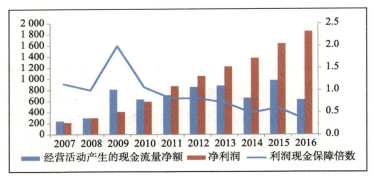

图8-15 东阿阿胶利润现金保障倍数

## 8.6 简要结论

综合上述穿透式分析,我们对东阿阿胶这家公司可以得出如下结论:

这是一家产品聚焦度非常高的公司,几乎只经营阿胶单一产品。产品在市场上有较大的品牌影响力和差异性,销售毛利率在过去十年,有较大幅度的提升,高达67%。公司经营策略非常明确,专注主业,资产配置合理,且具有较高的资产质量。

公司具有较强的盈利能力和较高的股东回报率，公司股东报酬率连续维持在 20% 以上的高位。财务风险极低，公司不仅没有任何银行与金融机构借款，而且，也几乎不占用上、下游的往来款项，致使其负债率一直保持在 20% 以下的低位运行，且呈现连续的下降趋势。这导致公司资本成本过高，压制了股东报酬率的进一步提升空间，从而也影响了公司的资产使用效率和管理水平。

公司目前的总市值 430 亿元，是 2016 年度净利润的 23 倍。2017 年一季度，公司销售实现 16.76 亿元，税后净利润 6.04 亿元，较上年同期分别增长 13% 和 10%，仍然保持了一个较快的发展势头。由于公司对资产规模的控制有度，所以，销售增长通常也会带来公司业绩的改善，未来发展可期。

薛云奎<br>
2017 年 6 月 2 日星期五于上海下沙

# 09 / 宁波华翔

## 一家深具野心的小公司

## 9.1 汽车零部件总成模块化供应商

宁波华翔是一家小公司，可能很多人都没有听说过，它目前的市值大约 100 亿元多一点，但它的净利润却接近 11 亿元（10.97 亿元），市盈率还不足 10 倍。这在百亿级市值的公司中，盈利水平是比较高的。那么，首先让我们来看一下，这家公司是做什么的。

宁波华翔是一家汽车零部件总成模块化供应商，其主要产品是装饰条、主副仪表板、门板、立柱、后视镜等汽车内外饰件以及车身金属冲压焊接件等，是上海大众、一汽大众、上海通用、东风日产、华晨金杯等国内汽车制造商的主要零部件供应商之一。

但这家公司也是一家很有目标和野心的公司，立志要成为世界主要汽车供应商的重要合作伙伴。自 2011 年以来，公司通过"海外兼并、国内布局"的方式，实现了业务上的转型升级，并获得了宝马、奔驰、福特、沃尔沃等高端客户资源，目前正在从本地汽车零部件供应商变身为国内外著名汽车制造商的主要零部件供应商之一。从 2011 年开始，其海外销售也有较大幅度的增长，2016 年度海外销售 26.5 亿元，较上年增长 26%，占销售总收入的 21%。所以也可以说，这是一家正在国际化的中国本土企业。

以下，我们仍然从经营、管理、财务和绩效四个层面，来对其报表做一个较为全面系统的梳理。

## 9.2 经营层面：海外兼并，国内布局

2016年，公司销售收入较上年增长27.5%，达到125亿元，实现税后净利润近11亿元（10.97亿元），较上年增长163%，2015年度的净利润仅为4.16亿元。而目前股票市值仅105亿元，在深圳中小板公司中的估值偏低，市盈率不足10倍。那么，这家公司净利润增长如此快速，远高于其销售收入的增长，其利润是否有含金量呢？它在未来是否可以持续？

### 9.2.1 净利润构成分析

公司税后净利润10.97亿元，税前利润13.33亿元，所得税2.36亿元，所得税率17.7%，高于行业152家汽车零部件上市公司平均14.8%的水平。税前利润中，投资净收益1.72亿元（主要是对联营企业的投资收益），营业外净收入7 900万元，其中政府补贴收入6 000余万元，主要系技改、研发和创新项目及退税项目引起。该项收入较上年有较大幅度增长，上年度为4 400万元。如果扣除投资净收益和营业外净收入，主营业务对税前利润的贡献为10.82亿元，占利润总额的81%。也就是说，公司利润的80%以上由主营业务利润贡献。

宁波华翔主营业务利润占比如图9-1所示。

过去10年，公司净利润有较大波动，但平均复合增长率在20%以上。2016年度是公司史上最好的年份，净利润高达10.97亿元，较上年的4.16亿元增长163%。2007年，净利润为2.03亿元，公司净利润在

过去 10 年，保持了较快速度的增长。10 年前，主营业务对利润的贡献也在 80% 以上。所以，从这个意义上说，公司的主营业务发展一直都是比较健康的。

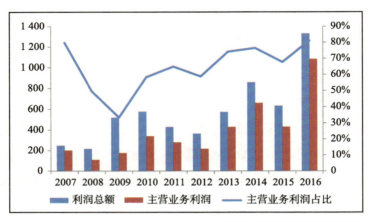

图 9-1　宁波华翔主营业务利润占比

宁波华翔净利润及其增长如图 9-2 所示。

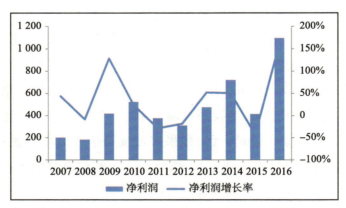

图 9-2　宁波华翔净利润及其增长

### 9.2.2　净利润现金含量分析

公司经营活动创造的净现金流与公司净利润之间有一个较好的配

合。过去3年，净现金占净利润的比重分别为0.64，1.44和1.31，说明公司净利润具有较高的现金含量。

宁波华翔利润现金保障倍数如图9-3所示。

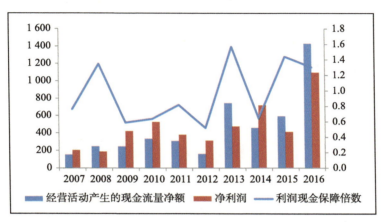

图9-3　宁波华翔利润现金保障倍数

当然，公司2016年销售收入和净利润的增长中也有购并因素的影响。2016年，公司收购宁波劳伦斯汽车内饰件有限公司100%股权，对销售收入和净利润均有正的贡献；另一方面，德国华翔虽然持续亏损，但2016年亏损2.18亿元，较上一年度的4.14亿元已有大幅度减亏，从而增厚了公司利润表现。

### 9.2.3　销售构成分析

以上，是我们对其净利润及构成的分析。接下来，我们再来看看它的销售构成。

#### 1. 销售分布分析

2016年度，公司合并收入125亿元，中国销售99亿元（近百亿元），海外销售27亿元，占总销售的21%。宁波华翔虽然在国内同业已然占有较大的市场份额,但它却是一家很有目标和野心的公司,立志要成为世界主要汽车供应商的重要合作伙伴。公司自 2011 年开始,通过"海外兼并、国内布局"的方式,逐步实现业务上的转型升级,且获得了宝马、奔驰、福特、沃尔沃等高端客户资源。

宁波华翔海外销售收入占比如图 9-4 所示。

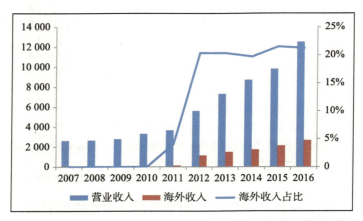

图 9-4 宁波华翔海外销售收入占比

### 2. 产品构成分析

在产品构成方面,虽然公司产品构成复杂多样,但主打产品是内外饰件系统。该类产品 2016 年销售 90 亿元,占总销售的 72%,而 2007 年该类产品在公司销售中的占比仅为 31%。公司通过持续不断地努力和聚焦,目前已逐步变身为汽车内外饰件系统的专业供应商,从而赢得了越来越明显的竞争优势。

宁波华翔内外饰件系统收入占比如图 9-5 所示。

### 3. 销售毛利率分析

再以公司销售毛利率来观察,我们大致可以得出相似的结论:公司综合毛利率在过去 10 年基本稳定在 18%~23%,说明公司产品的差异性和技术含量较低。但销售毛利率的稳定性表达了公司产品品质的稳定。2016 年度销售毛利率 21.46%，虽低于历史最好水平的 2010 年 22.87%，但基本上处于过去 10 年的中上水平，而且有稳步上升的趋势，尽管上升得比较缓慢。

图 9-5　宁波华翔内外饰件系统收入占比

宁波华翔销售毛利率如图 9-6 所示。

图 9-6　宁波华翔销售毛利率

由此，从财报角度，公司经营上的成功可以归结为两点：第一，公司透过海外购并，提升品牌形象和产品质量，赢得海外优质客户和品牌信赖，拓展了公司未来增长空间；第二，公司透过产品聚焦提升专业化生产能力，从而形成在专业领域内的相对竞争优势，经营稳健。从总体上说，公司经营思路非常清晰，一以贯之。

## 9.3　管理层面：扩张谨慎，效率稳定

管理层面的分析，我们将着重分析它的资产构成及其与销售的关系。

### 9.3.1　资产周转率分析

公司2016年度末资产规模为135亿元，略高于125亿元的销售收入，公司资产周转率为0.93次。与2007年相比，当时的销售收入为26亿元，资产总额为27亿元，资产周转率为0.97次。相比之下，这10年的资产利用效率基本维持不变，略有下降。换言之，公司销售增长在过去10年应当说是有质量的增长，公司在销售增长的同时很好地控制了资产增长的规模，从而保证了公司的效率。

宁波华翔资产周转率如图9-7所示。

图9-7　宁波华翔资产周转率

## 9.3.2 非流动资产周转率与流动资产周转率分析

公司流动资产与非流动资产基本保持了同比例增长，非流动资产的增长稍快于流动资产的增长，所以，相较之下，公司非流动资产周转率较之 2007 年的 2.34 次略有下降，目前为 1.87 次；公司流动资产周转率从 2007 年的 1.65 次略微升高至目前的 1.83 次。

宁波华翔流动资产周转率与非流动资产周转率如图 9-8 所示。

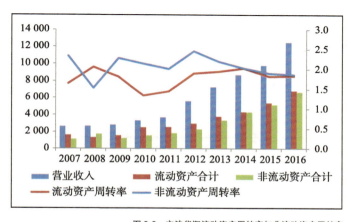

图 9-8　宁波华翔流动资产周转率与非流动资产周转率

如果进一步细分，我们会发现：公司非流动资产增长过快的一个重要因素是公司购并。公司在 2016 年的收购活动导致公司商誉增加了近 10 亿元。如果扣除商誉的影响，公司 2016 年度非流动资产周转率为 2.21 次，基本与 2007 年持平。随着公司品牌效应的显现和规模的增长，相信该项指标在未来仍会有提升的空间。

宁波华翔非流动资产（扣商誉）周转率如图 9-9 所示。

另外一个影响公司非流动资产周转率的因素是公司可供出售金融资产，2016 年年末的该项资产余额为 15 亿元，而 2007 年为 0。如果再剔除这部分因素的影响，公司非流动资产周转率较之 2007 年不仅没有下降，反而还有所提升。

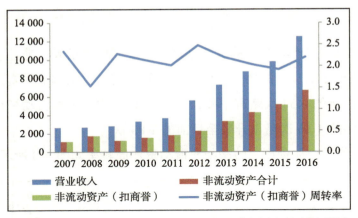

图 9-9 宁波华翔非流动资产（扣商誉）周转率

宁波华翔非流动资产（扣商誉、可供出售金融资产）周转率如图 9-10 所示。

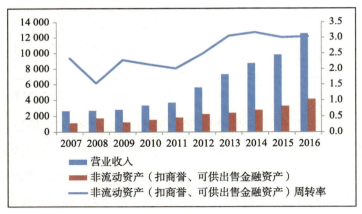

图 9-10 宁波华翔非流动资产（扣商誉、可供出售金融资产）周转率

在报表分析中，为什么要剔除这两大因素的影响呢？先说商誉，因为它因购并而引起，而购并往往是公司战略决策的结果，所以，它虽然影响公司管理效率，但这种影响更多源自于战略而非公司管理。再说可出售金融资产，之所以剔除可出售金融资产的影响，是因为该类资产虽然名为非流动资产，但实质上它的变现能力很强，所以，在分析与考虑

总资产周转率或非流动资产周转率时，便可以把它们单独区分出来分析，这样的分析结论会更加客观和可靠。

### 9.3.3 存货周转率及应收款项周转率分析

#### 1. 存货周转率分析

公司存货管理水平在过去10年稳步提升，2016年为5.3次，而2007年为4次。

宁波华翔存货周转率如图9-11所示。

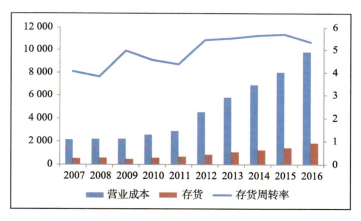

图9-11 宁波华翔存货周转率

#### 2. 应收款项周转率分析

应收款项周转率较之2007年略有下降，2007年为4.7次，2016年为3.62次。

宁波华翔应收款项周转率如图9-12所示。

通过以上分析可知，公司在过去10年销售增长的同时，较好地控制了公司资产规模的增长速度，流动资产的管理基本维持了10年前的水平，而非流动资产管理部分如果撇开可供出售金融资产和商誉的影响，其效率不仅没有下降，反而还有所提升。所以，从总体上来说，公司管理虽然在过去 10 年没有大的改进，但基本没有变坏。

图 9-12　宁波华翔应收款项周转率

## 9.4　财务层面：负债上升，风险可控

财务层面的分析，我们将着重讨论公司的偿债能力和资本成本。

### 9.4.1　偿债能力分析

2016 年年末，公司总资产 135 亿元，其中，股东提供的资本为 61 亿元，由债权人提供的资本为 74 亿元，负债率为 55%，这与 2007 年的 56% 基本持平。公司在过去 10 年始终将负债率控制在 60% 以下，财务风险可控。

宁波华翔资产周转率如图 9-13 所示。

### 9.4.2　资本成本分析

在 74 亿元的公司负债当中，短期和长期银行借款不足 20 亿元，占总负债的27%，远低于2007年37%的水平。也就是说，随着公司规模的扩张、公司谈判能力的增强，公司占用上、下游企业的资金比例在逐步扩大，从而有效地降低了资本成本。利息费用不足千万元（866万元），远低于2007年1 360万元的水平。公司自2005年上市以来，分别于2006年和2010年先后两次定向增发，共募集资金13亿元，累计实现利润47亿元，累计现金分红5.7亿元。

图9-13　宁波华翔资产周转率

宁波华翔银行借款占比如图9-14所示。

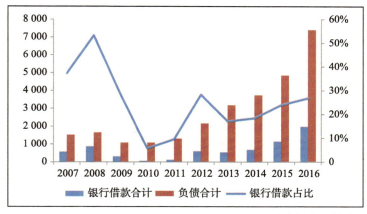

图9-14　宁波华翔银行借款占比

总体上说，公司财务政策稳健，财务风险得到有效控制，随着公司谈判能力的增强，公司资本成本持续降低，从而有效地促进了股东权益报酬率的提升。

## 9.5 业绩层面：利润丰厚，估值偏低

最后，让我们来分析它的财务业绩与股东回报。

公司 2016 年度股东回报率（ROE）18%，远高于上一年度 7.3% 的水平，较 10 年前的 16.7% 也略有增长。公司过去 10 年的股东回报虽然也有起起落落，但平均回报率在接近 15% 的水平，应当说，这也基本可以划入绩优公司一类。

宁波华翔 ROE 指标如图 9-15 所示。

图 9-15　宁波华翔 ROE 指标

公司 2016 年度共实现税后净利润 10.97 亿元。其中，归属于母公司股东的净利润 7.14 亿元，少数股东的净利润 3.83 亿元，母公司股东权益报酬率 14%。母公司股东权益报酬率远低于综合股东权益报酬率，这在一定程度上表明全资控股公司的绩效不如与少数股东共同控制的公司绩效好。

宁波华翔母公司 ROE 指标如图 9-16 所示。

图 9-16　宁波华翔母公司 ROE 指标

## 9.6　简要结论

综合上述，宁波华翔是一家小巧而精致的公司，尤其是公司目前的市值规模是比较小的，差不多 100 亿元，而公司年净利润和经营活动净现金均超过 10 亿元，所以，市盈率和市净率都比较低。综合以上分析，可以得出以下三点结论：

第一，公司经营稳健，战略定位清晰，敢于坚持专业化聚焦不动摇，大胆收购国外同行，占领品牌与品质高地，利用中国大市场和低成本的优势，取得了非常明显的效果。

第二，公司财务策略稳健，严格控制资产规模和负债规模，随着公司谈判能力的增强，商业负债的比率上升，银行负债降低，从而有效地降低了公司的资本成本。

第三，公司业绩稳定，10 年来的股东回报率维持在 15% 左右，算是一家中小规模的绩优公司。

薛云奎

2017 年 6 月 9 日星期五于上海下沙

# 10 / 中泰化学
## 挡不住的财源

## 10.1　新疆氯碱供应商

中泰化学前身为新疆氯碱厂,其主要产品包括烧碱、聚氯乙烯(PVC)、氯气、氢气等。氯碱产品主要用于制造有机化学品、造纸、肥皂、玻璃、化纤、塑料等领域。氯碱工业是非常传统和基础的化学工业,也就是用电解食盐水溶液制取烧碱、氯气和氢气的工业生产。所以,我们说它是化学工业的基础。

中泰化学地处新疆,而新疆的煤炭、原盐、石灰石、电力等资源丰富,原料价格较低。这不仅使其原料供应有保障,而且使其生产成本低于行业平均水平,具有一定的成本优势。

自2006年上市以来,中泰化学的业绩就从来没有好过,但近两年氯碱化工产品价格的大幅度提升使其业绩好到挡也挡不住。2016年度,公司销售收入233亿元,较上年增长41.84%,实现税后净利润19.36亿元,较上年增长734.25%。2017年7月13日,公司发布上半年度业绩修正公告称:原预计中期归属于母公司股东净利润为10.3亿~12.3亿元,修正后的预计业绩上限变下限,预计为12.3亿~12.8亿元,真是挡不住的财源滚滚。近一年来,股价也借此上涨了80%以上。作为同行业的鸿达兴业大举增持，前十大股东和公司高管也在纷纷增持公司股份。那么，这是否意味着这家公司真的具有投资价值呢？或者说究竟是什么原因导致这家公司业绩大幅度改善呢？

以下，我们就从公司经营、管理、财务和业绩四个层面来对公司财报做一个系统、全面的梳理，看看能否找到答案。

## 10.2 经营层面：利润暴增

### 10.2.1 销售构成分析

2016年度，公司销售收入233.62亿元。其中，氯碱化工销售104.75亿元，占销售收入总额的44.84%，较上年度的90.92亿元增长15.21%；纺织工业49.30亿元，占销售总收入的21.1%；现代贸易73.26亿元，占销售总收入的31.36%，是各项销售业务中增长最快的部分，较上年34.34亿元增长113.33%。如果扣除贸易收入，其他产品的增长都比较平稳，一如往常，并没有大的变化。除此之外，公司还有少量物流运输收入和其他收入，合计约6亿元，占总销售不足3%（2.7%）。

中泰化学销售构成如图10-1所示。

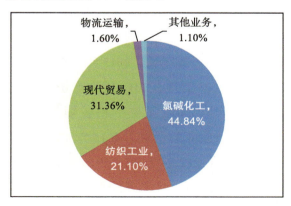

图10-1 中泰化学销售构成

### 10.2.2 销售分布分析

从销售地域分布来看，国内销售 211.5 亿元，海外销售 11.8 亿元。海外销售约占总销售的 5%。大部分的产品仍然是在国内销售。新疆地区的销售 76.97 亿元，占总销售的三分之一（32.95%）。所以，从总体上来说，这是一家以新疆为根据地、销售覆盖全国、有少量产品出口（主要是中亚五国及越南和非洲一些国家和地区）的上市公司。

中泰化学销售分布如图 10-2 所示。

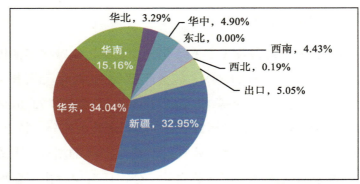

图 10-2　中泰化学销售分布⊖

### 10.2.3 产品产量分析

从产品产量方面来分析，公司除贸易增长较快，对销售影响较大以外，其他产品基本保持了平衡增长。2015 年，累计生产聚氯乙烯树脂 161.47 万吨，2016 年 170.05 万吨；2015 年生产烧碱（含自用量）113.66 万吨，2016 年 119.64 万吨；2015 年生产粘胶短纤 32.86 万吨，2016 年 36.9 万吨；2015 年生产纱线 6.37 万吨，2016 年 17.66 万吨；2015 年生产电石 173.95 万吨，2016 年 212.54 万吨；2015 年发电 98.42 亿度，2016 年发电 113.05 亿度。公司产品，尤其是主要产品，并没有出现大幅度的

---

⊖　因四舍五入，合计为 100.01%。

数量增长。因此，其销售和利润大幅度增长的原因便只剩下两个：一个可能是公司新增贸易业务的大幅度增长，另一个可能则是产品价格的提升。

中泰化学产量（按品种）增长率如表 10-1 所示。

表 10-1　中泰化学产量（按品种）增长率

| 品种 | 2015 年 | 2016 年 | 同比增减 |
|---|---|---|---|
| 聚氯乙烯树脂（万吨） | 161.47 | 170.05 | 5.31% |
| 烧碱（含自用量）(万吨） | 113.66 | 119.64 | 5.26% |
| 粘胶短纤（万吨） | 32.86 | 36.9 | 12.29% |
| 纱线（万吨） | 6.37 | 17.66 | 177.24% |
| 电石（万吨） | 173.95 | 212.54 | 22.18% |
| 发电（亿度） | 98.42 | 113.05 | 14.86% |

### 10.2.4　销售毛利率分析

2016 年度，公司贸易收入 73.26 亿元，为公司销售贡献了 31.36%。但贸易收入所能够贡献的毛利有限，毛利率仅为 6.41%。由此，我们可以有一个初步结论，公司销售大幅度增长的主要贡献源自于现代贸易的快速增长，而公司净利润的大幅度提升，则很有可能是源自主营业务的价格上涨。从年报数据分析可知：公司主营业务氯碱工业的综合销售毛利率达到 38.67%，较上年增长 11.4%；而纺织工业销售毛利率达到 27.38%，较上年增长 6.59%。

中泰化学毛利率（按行业）如表 10-2 所示。

表 10-2　中泰化学毛利率（按行业）

| 行业 | 营业收入 | 营业成本 | 毛利率 | 营业收入比上年同期增减 | 营业成本比上年同期增减 | 毛利率比上年同期增减 |
|---|---|---|---|---|---|---|
| 氯碱工业 | 10 475.30 | 6 435.39 | 38.57% | 15.21% | -2.82% | 11.40% |
| 纺织工业 | 4 929.76 | 3 579.84 | 27.38% | 39.62% | 28.01% | 6.59% |
| 现代贸易 | 7 326.38 | 6 856.99 | 6.41% | 113.33% | 118.50% | -2.22% |

透过公司的销售构成分析，可以发现，聚氯乙烯 2015 年度的毛利率为 22.91%，2016 年度则升高至 34.94%；而氯碱类产品的毛利率则从

47%升高至54.15%;粘胶纤维的毛利率从21.33%升高至29.18%;纱线的毛利率从18.99%升高至25.52%。所以,这就证实了公司业绩快速增长的主要原因在于产品价格的提升所带来的销售毛利率的增长。

中泰化学毛利率(按品种)如表10-3所示。

表10-3 中泰化学毛利率(按品种)

| 品种 | 2007年 | 2008年 | 2009年 | 2010年 | 2011年 | 2012年 | 2013年 | 2014年 | 2015年 | 2016年 |
|---|---|---|---|---|---|---|---|---|---|---|
| 聚氯乙烯 | 21.28% | 9.55% | 5.96% | 19.29% | 16.44% | 9.15% | 16.85% | 23.70% | 22.91% | 34.94% |
| 贸易 | | | | | | | | | 10.35% | 6.41% |
| 粘胶纤维 | | | | | | | | | 21.33% | 29.18% |
| 纱线 | | | | | | | | | 18.99% | 25.52% |
| 氯碱类产品 | 40.41% | 43.32% | 44.07% | 36.45% | 46.48% | 60.18% | 42.22% | 45.88% | 47.00% | 54.15% |
| 物流运输 | | | | | | | | | | 16.72% |
| 电 | | | | | | 3.34% | 20.43% | 7.81% | | 7.15% |
| 其他业务 | 53.99% | 87.88% | 32.13% | 40.08% | 14.57% | 18.04% | 53.87% | 18.35% | 33.56% | 92.16% |

再来观察公司综合毛利率可进一步发现,2015年公司综合销售毛利率为23.06%,而2016年提升至26.36%,2017年一季度报表显示,其产品毛利率仍然保持了持续上升势头。产品价格提升导致毛利率升高,这既可能是因供给侧改革及治理环境污染等政策性因素引起,也可能与公司重视研发投入和产品品质的改进、提升了产品差异性有关。

中泰化学销售毛利率如图10-3所示。

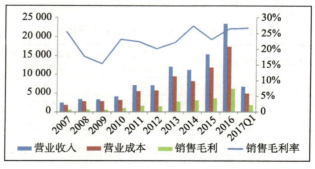

图10-3 中泰化学销售毛利率

### 10.2.5 研发投入及销售费用分析

2016 年，公司投入研发经费 2.6 亿元，较上年 1.91 亿元增长 35.94%。销售费用 20.45 亿元，较上年的 19.5 亿元略有增长（4.87%）。说明公司的经营理念开始从重营销向重研发方向转变。当然，相对于 20 亿元左右的营销费用来说，区区两亿多元的研发费用实在不值一提，但这种重视程度的转变毕竟是一个好的转变，也符合提质增效的新常态发展目标。

中泰化学研发及销售费用变动比率如表 10-4 所示。

表 10-4　中泰化学研发及销售费用变动比率

|  | 2015 年 | 2016 年 | 变动比率 |
| --- | --- | --- | --- |
| 研发投入 | 190.99 | 259.63 | 35.94% |
| 销售费用 | 1 950.10 | 2 045.08 | 4.87% |

### 10.2.6 主营业务利润占比分析

从主营业务利润对利润总额的贡献来看，2016 年度，公司实现税后净利润达到创纪录的 19.36 亿元，较 2015 年度 2.32 亿元的净利润增长 734%。公司税前利润 22.58 亿元，所得税 3.22 亿元，实际所得税率 14.28%，这要远低于全国 216 家化工原料上市公司平均 18.52% 的水平。这或许与国家对新疆地区企业的税收优惠和补贴有关。

在税前利润 22.58 亿元中，源自投资活动的净收益为亏损 1.38 亿元，源自营业外的收支净额 3.36 亿元。营业外收入 3.45 亿元，主要为政府补贴收入，而该等收入的上年数字为 3.12 亿元，本年度略有增长。政府补贴收入中最主要的部分为流动资金贷款贴息收入（1.25 亿元）和运费补贴收入（1.23 亿元）。虽然一般意义上的政府补贴收入没有可持续性，但由于该公司地处新疆，地理位置特殊，观察最近两年政府补贴的数据，也具有相当的稳定性和连续性。如果扣除投资收益和营业外收支的影响，主营业务对税前利润的贡献为 20.61 亿元，超过总利润的 90%（91.23%）。本年度一季报的利润总额高达 8.32 亿元，税后净利润 7.12 亿元，较之上年同期 8 300 万元的净利润又有大幅度的增长。

中泰化学主营业务利润占比如图 10-4 所示。

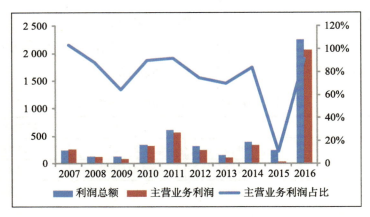

图 10-4　中泰化学主营业务利润占比

以上就是我们对中泰化学过去一年经营情况的分析结论。总括来说，公司在过去 10 年保持了较快的销售增长，增长虽有波动，但平均年度复合增长率近 30%。2007 年销售收入 24 亿元，2016 年达到 234 亿元，差不多是 2007 年的 10 倍。公司在保持主营业务稳定增长的前提下，2016 年度的现代贸易和纺纱工业保持了较快的增长，从而促进了公司销售收入的大幅度提升。公司主营产品价格上涨导致主营业务毛利率的提升和营业外收入的大幅度增加，推高了公司净利润的快速增长，为改善公司其他财务指标打下了一个良好的基础。

随着行业景气度和公司产品差异性的提升，公司销售及其毛利率在 2016 年度均有较大幅度的增长；加之公司地理位置特殊，受惠于少数民族、经济落后地区以及"一带一路"政策的扶持，公司政府补贴在最近两年也有较大幅度的增长，从而迅速推高了公司的业绩。2016 年度，净利润较上年增长了 7 倍以上。而且，在 2017 年上半年，公司业绩仍然保持了高歌猛进的发展态势，预告中期归属于母公司股东的净利润将超过 12 亿元。

## 10.3　管理层面：资产过重

### 10.3.1　资产周转率分析

2016 年年末，公司各类资产总计 467 亿元，这个数据较之 2007 年，增长了 11 倍，2007 年公司总资产为 41.75 亿元。结合 2016 年度 233 亿元的销售收入，资产周转率为 0.5 次，较之 2007 年的 0.58 次有所下降，主要原因还是资产增长比销售增长更快。

中泰化学资产周转率如图 10-5 所示。

图 10-5　中泰化学资产周转率

### 10.3.2　非流动资产占比分析

那么，究竟是什么原因导致公司资产增长过快呢？2016 年年末，公司非流动资产 326 亿元，占总资产 467 亿元的 70%。从这个结果来看，这是一家典型的重资产公司。这一指标在过去 10 年的大部分年份超过 80%。

中泰化学非流动资产占比如图 10-6 所示。

图 10-6　中泰化学非流动资产占比

而非流动资产中占比最大的资产是固定资产和在建工程。固定资产净值高达 250 亿元，超过总资产的 50%。所以我们说，这家公司对固定资产投资具有较大的依赖性，经营风险较大。也就是说，公司经营的成功对市场的景气度具有非常大的依赖性。另外，融资租赁业务的占款也高达 31.6 亿元，进一步推高了公司非流动资产的占比。

中泰化学固定资产占比如图 10-7 所示。

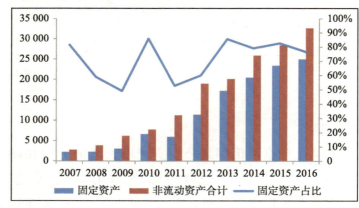

图 10-7　中泰化学固定资产占比

### 10.3.3 货币资金占比分析

在流动资产部分,公司货币资金结余随着公司业绩的改善有较大幅度的增长。2016 年度末的结余为 26.15 亿元,占公司总资产的 5.6%。

中泰化学货币资金占比如图 10-8 所示。

图 10-8　中泰化学货币资金占比

### 10.3.4 应收款项周转率分析

应收款项周转率在过去 10 年,有较大幅度的下降。2007 年的应收款项周转率为 10.5 次,2016 年为 2.76 次,上一年度为 3.84 次。这在一定程度上说明公司对应收、预付以及应收票据的管理不是十分重视,正在缓慢地累积信用风险。

中泰化学应收款项周转率如图 10-9 所示。

### 10.3.5 存货周转率分析

公司存货周转率在 2014~2016 年有较大改善,2014 为 6 次,2015 年为 9 次,2016 年为 10 次,这或许是因为最近两年市场景气度较好。但较之 10 年前,存货管理也有较大幅度的下降,2007 年为 14 次,2008 年为 22 次，2009 年为 20 次，而目前仅为 10 次。

图 10-9　中泰化学应收款项周转率

中泰化学存货周转率如图 10-10 所示。

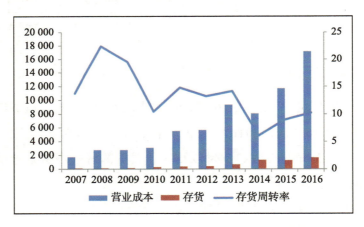

图 10-10　中泰化学存货周转率

总体上，公司销售增长主要依赖资产规模扩张，而资产规模扩张又基本依赖股东和金融市场的资金推动。公司应收款项管理、存货管理等，貌似缺乏制度性的规范和约束，存在较大的随意性。

## 10.4 财务层面：政策性优惠

### 10.4.1 资产负债率分析

公司 2016 年年末的负债与股东权益总额为 467 亿元。其中，负债合计为 300 亿元，股东权益为 167 亿元。资产负债率为 64.25%，较上一年度的 67.69% 略有下降，主要是公司在本年度因定向增发募集资金 55 亿元及本年度实现新增利润导致股东权益合计增加所致。过去 5 年，公司资产负债率基本都保持在 60%～70%，对于重资产公司来说，这样的负债率也说不上有大的财务风险。5 年前的公司负债率较低，甚至大部分年份都低于 50%。为什么最近几年负债率会有较大幅度的提升呢？其中一个重要原因或许是受政府对银行借款贴息政策的刺激。当然，这也只是一个猜测。公司一方面在增加负债，而另外一方面又在对外提供融资租赁服务，这其实是在利用自身的资金平台优势和优惠的银行贷款贴息政策进行套利。虽然这种套利对于提升公司业绩是有帮助的，但与之相对应的是，这也增加了公司负债，提高了公司财务风险。

中泰化学资产周转率如图 10-11 所示。

图 10-11　中泰化学资产周转率

### 10.4.2 资本成本分析

公司自上市以来累计募集资金 472 亿元。其中,首发及股权再融资 126 亿元,债券融资 185 亿元,间接融资 161 亿元。从这一组数据我们可知,公司自上市以来的规模扩张主要是借助于外部资本推动而形成的。这也可以说,这是一家在资本市场上长袖善舞的公司。相较之下,公司的业绩回报显得微不足道。自 2006 年上市以来,累计实现利润仅为 49.5 亿元,累计现金分红不足 10 亿元(9.1 亿元),分红率为 18.38%,还没有当前一年的财务费用高。当前年度的财务费用由于新增长短期银行贷款及债券融资的影响,高达 10.92 亿元,2015 年的财务费用为 9.84 亿元。从这个角度来说,这家公司其实并没有为股东提供丰厚的回报。

## 10.5 业绩层面:难有突破

### 10.5.1 ROE 指标分析

由于公司发展过程中所需的大量资金大多都是向股东"伸手",所以,19 多亿元的净利润相对于 167 亿元的股东权益来说,也只是"杯水车薪",股东权益报酬率仅为 11.6%,但这已经是过去 10 年最好的成绩了。2015 年度的股东权益报酬率仅为 1.57%。如果行业景气度能够一直维持在当前的高位,或许在 2017 年公司的股东权益报酬率将会得到持续改善。

中泰化学 ROE 指标如图 10-12 所示。

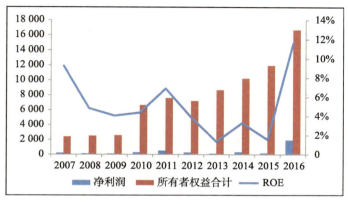

图 10-12　中泰化学 ROE 指标

### 10.5.2　净利润的现金含量分析

公司 2016 年度实现净利润 19.36 亿元，同期经营活动产生的净现金为 19.23 亿元，二者基本持平。理论上来说，由于公司重资产的特性，每年会产生大量的折旧费用，因此，公司净现金流入应当远大于公司净利润。但由于前述分析的应收账款周转率持续下降，导致公司经营性应收项目大幅度增加，而经营性应付项目又未能同步抵销对公司资金的占用，以及存货周转率的下降，导致公司存货占用资金提升，所以，大量经营性现金流入被应收项目和存货所占用。从过去 10 年的经营性现金管理来看，现金保障程度的波动幅度较大，最高的 2013 年，经营活动净现金是利润的 28 倍，大部分年份为 2～3 倍。总体上来说，公司的现金流与净利润有较好的匹配，但较大的波动幅度也说明公司的现金管理和资金调度存在较大的随意性。尤其是应收项目的管理存在较大的风险与挑战。

中泰化学利润现金保障倍数如图 10-13 所示。

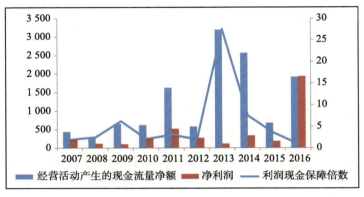

图 10-13　中泰化学利润现金保障倍数

## 10.6　简要结论

综上所述，中泰化学基本上是一家"靠天吃饭"的公司。在经营层面，基本依靠行业景气度的回升和产品价格的上涨；在管理层面，基本依靠股东和金融市场的资金推动公司规模扩张。应收账款管理、存货管理、经营活动净现金管理等，貌似缺乏制度性的规范和约束，存在较大的随意性。最近两年，由于产品价格上涨所导致的销售毛利率的大幅度提升，推高了公司的销售收入和净利润。尤其是公司净利润有非常大幅度的提升，2016 年度增长了 734%，这也较大幅度地提升了公司的股东权益报酬率，从 2015 年的 1.57% 增长到 2016 年的 11.6%。由于公司在过去的发展主要依赖外部资本的推动，致使股东权益报酬率的分母过大，所以，股东权益报酬率的提升或许远不如想象的那么高。如果行业景气度能在 2017 年得以保持并持续上扬，那么，公司业绩也将得到持续改善。如果产品价格回落，那么，公司未来的经营风险仍然十分巨大。

薛云奎

2017 年 8 月 2 日于温哥华

# 11 / 汤臣倍健
## 急于求成的商业模式

## 11.1 有特点的保健食品供应商

汤臣倍健是一家保健食品公司。2005年成立，2010年上市。2016年度销售收入 23.09 亿元，净利润 5.07 亿元，目前公司股票市值正好 200 亿元。公司自上市以来，销售收入的复合增长率 37%，净利润的复合增长率 33%，这无疑是一家快速增长的创业板公司。

公司之所以如此快速成长，主要与它的商业模式有关。简单来说，它的"生意经"就是在全球范围内寻找最优质的食品原料基地，与国际一流研究机构合作，选择和发现新的食品提炼技术和项目，在中国建立营销网络和渠道，从而形成自己的经营能力。也就是，全球的原料、国际的技术，外加中国的消费市场。

我们分别从经营、管理、财务和业绩四个层面来对这家公司 2016 年度的报表进行一个系统的梳理，以期发现这是否是一家具有未来投资价值的公司。

## 11.2 经营层面：全球采购，国际配方，国内销售

### 11.2.1 销售增长分析

汤臣倍健成立于 2005 年，2010 年 12 月上市。上市当年的销售收

入 3.46 亿元，2016 年达 23.09 亿元，7 年时间增长了 5.67 倍。过去 10 年的平均复合增长率近 50%，自上市以来的复合增长率超过 30%。所以我们说：这是一家处在快速成长过程中的公司。2017 年度中报销售收入 14.87 亿元，较上年同期增长 20.53%。

汤臣倍健营业收入及其增长率如图 11-1 所示。

图 11-1　汤臣倍健营业收入及其增长率

### 11.2.2　销售构成分析

或许是因为故意隐藏核心产品的销售真相，或许是别的考虑，公司销售收入按照片剂、胶囊、粉剂分类。这一分类数据，对我们或者大多数投资人来说，基本毫无意义。

### 11.2.3　销售分布分析

从销售的地域分布来看，公司百分之百的销售均源自国内，所以，这也是一家典型的中国本土企业。其中，华东地区的销售占到销售总收入的近三分之一（32%），余下部分涵盖了其他地区。因此，也可以称之为一家全国性的企业。其商业构思也可因此而简单归纳为：全球采购、国际配方、国内销售。

汤臣倍健销售分布如图 11-2 所示。

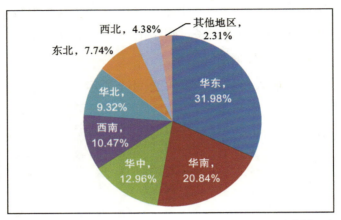

图 11-2　汤臣倍健销售分布

### 11.2.4　净利润构成分析

公司 2016 年度税后净利润 5.07 亿元，较上年 6.2 亿元有较大幅度的下降，下降幅度为 18.17%，与 2014 年度的 5.02 亿元基本持平。公司税后净利润大幅度下降的主要原因从报表上来看主要有两个：一个是公司销售收入增长大幅度减缓，另一个则是公司实际所得税负的影响。

2015 年度销售收入为 22.66 亿元，2016 年度销售收入仅为 23.09 亿元，增长了 1.9%。通常情况下，如果公司销售收入增长未达预期，而公司预算又未做及时调整，便会导致公司成本和费用相对较快增长而使公司净利润大幅度滑坡。

公司税前利润 6.54 亿元，所得税 1.46 亿元，实际所得税率 22.34%，较上年 16.17% 有较大幅度的增长，增长 38.2%，既高于公司历史水平，也高于行业平均水平。从过去 5 年的实际所得税率来看，基本维持在 15%～16% 的水平。2017 年中报的实际所得税率又差不多回归到正常的 16.42%。因此，我们有理由推测，公司 2016 年度实际所得税率偏高的原因是公司销售增长缓慢而未达政府税务部门预期。从128家同行上市公司来看，2016年度的实际所得税负较行业平均（所得税率12.17%）也是要高出很多，而且，从发展趋势来看，同业的实际所得税率还呈现出逐年下降的趋势。2014年、2015年和2016年的同业所得税率分别为19.31%，16.16%和12.17%。因此，我们有理由相信公司实际所得税率在2016年度突然升高而2017年中报又回归正常很可能是公司销售增长未达预期所致。

汤臣倍健实际所得税率如图11-3所示。

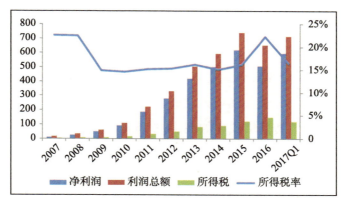

图11-3 汤臣倍健实际所得税率

如果剔除所得税的因素，公司税前利润6.54亿元。其中，投资净收益3 922万元，营业外收支净额1 789万元。两项合计5 711万元，约占税前总利润的8.7%。换言之，91.3%的税前利润由公司主营业务利润贡献。如果细分公司营业外收入，最大收入项目是政府补贴收入2 665万元，其中包括技术改造、产业升级、扩产及技改扶持基金等。营业外支出主要为处理非流动资产损失700多万元，捐赠支出100多万元。投资收益主要是公司投资理财产品扣减联营企业投资损失后所取得的净收益。所以，从总体上说，公司利润主要由主营业务利润贡献。

汤臣倍健主营业务利润占比如图11-4所示。

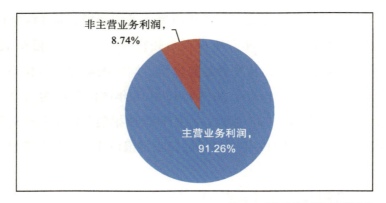

图 11-4 汤臣倍健主营业务利润占比

### 11.2.5 市场营销与研发投入分析

公司 2016 年度投入营销费用 6.39 亿元，较上年度的 6.19 亿元增长 3.27%，略快于 1.9% 的销售收入增长。

汤臣倍健销售费用增长率如图 11-5 所示。

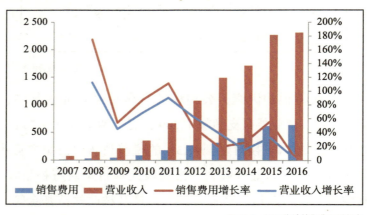

图 11-5 汤臣倍健销售费用增长率

研发投入 1.02 亿元，较 2015 年度 6 400 万元有大幅度的增长。相比之下，公司对营销的投入要远胜于对研发的投入，但增长幅度又远不如研发投入的增长幅度。从员工构成来看，销售人员 941 人，占员工总数的 42.16%；研发人员 279 人，仅占员工总数的 12.5%。从总体上来说，公司对营销和研发始终都摆在一个重要的位置上。

汤臣倍健销售人员及研发人员情况如表 11-1 所示。

表 11-1　汤臣倍健销售人员及研发人员情况

| 部门 | 2015 年 | | 2016 年 | | 变动比例 |
| --- | --- | --- | --- | --- | --- |
| | 人数 | 占比 | 人数 | 占比 | |
| 销售 | 958 | 37.12% | 941 | 42.16% | 5.04% |
| 研发 | 265 | 10.27% | 279 | 12.50% | 2.23% |

### 11.2.6　销售毛利率分析

由于公司对营销和研发的重视，综合销售毛利率始终维持在一个比较高的水平。2016 年度的销售毛利率为 64.4%，较 10 年前的 53.94% 提高了 10 个百分点。与 2015 年及之前年度的毛利率比较，2016 年度的销售毛利率虽略有下降，但总体上仍然保持了稳定。2013 年、2014 年、2015 年和 2016 年的销售毛利率分别为 64.70%、65.98%、66.28% 和 64.40%。这要远高于同业 43.37% 的中位值水平。

汤臣倍健销售毛利率如图 11-6 所示。

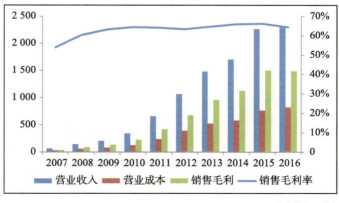

图 11-6　汤臣倍健销售毛利率

由上可知，汤臣倍健是一家销售和利润保持较快增长的公司，其产品在同类市场上具有较大的差异性。销售毛利率在过去10年提升了10个百分点，达到64.4%。与此同时，公司还十分重视产品营销和研发的投入，使其未来增长具有一定的可持续性和想象空间。

## 11.3　管理层面：购并导致资产规模快速膨胀

### 11.3.1　销售增长分析

要清晰地表达汤臣倍健公司的资产及其增长，最佳的方式就是把它10年的报表截分成两段来看：一段是2010年公司上市之前的资产及其构成，另一段则是上市之后的资产及其构成。

#### 1. 上市之前

公司上市前的2009年，其总资产为1.49亿元，销售收入2.05亿元，资产周转率为1.37次。这俨然是一家小巧而精致的公司。

汤臣倍健上市前资产周转率如图11-7所示。

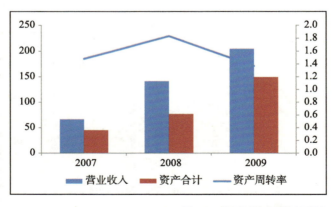

图11-7　汤臣倍健上市前资产周转率

## 2. 上市之后

公司 2010 年 12 月上市，计划募集资金 2.8 亿元，但由于受到市场热捧，实际募集资金 15 亿元，加上上市前的公司资产总额，再加上公司当年度的未分配净利润，上市当年的资产规模便增长到 17.54 亿元。而公司销售收入虽有大幅度增长，从上市前 2009 年的 2.05 亿元，大幅度增长至 2010 年的 3.46 亿元，但仍然远不及公司资产规模的增长幅度。由此给公司财务指标所带来的影响，完全可以用"灾难"二字来形容。最直接的反映是资产周转率指标从 2009 年的 1.37 次，下降为 2010 年的 0.2 次。很多公司面临如此多的资产，往往不知所措，从而深陷资本过剩的泥潭而不能自拔。就汤臣倍健而言，公司自上市以来的资产周转率随销售收入的快速增长虽有所改善，但改善并不明显。至 2016 年年末，公司资产总额高达 53.28 亿元，而销售收入仅为 23.09 亿元，资产周转率仅为 0.43 次，远不及上市前的水平。

汤臣倍健上市后资产周转率如图 11-8 所示。

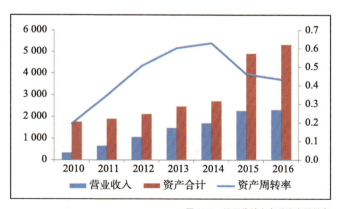

图 11-8　汤臣倍健上市后资产周转率

其实，导致公司资产规模快速增长的原因除了公司 IPO 超募之外，2015 年，公司定向增发募集 18 亿元的资金向大股东购买资产，也是导致其资产规模快速扩张的一个主要原因。

## 11.3.2 非流动资产占比分析

2016年度末的资产总额为53.28亿元,其中非流动资产合计约21亿元,占资产总额的39.39%。纵观过去10年的变化趋势,我们发现,公司非流动资产占比呈持续的上升趋势。10年前的这一指标为20.39%,上市当年因募集资金到账致这一指标骤降为4.4%,但随着募集资金的逐步投入使用,这一指标出现了较快的增长趋势。从2010年的4.4%,逐年升高至目前的接近40%(39.39%)。由此,我们也可以推测到公司的大部分募集资金投入到了非流动资产的购置上。

汤臣倍健非流动资产占比如图11-9所示。

图11-9　汤臣倍健非流动资产占比

## 11.3.3 非流动资产构成分析

如果进一步细分非流动资产的构成,其中固定资产投资较之上市前的2009年增长了12倍多,上市前的固定资产投资为4 587万元,而2016年年末则达到6.02亿元。另外,可供出售金融资产和长期股权投资也有较大幅度的增长。2016年年末,可供出售金融资产7.96亿元,长期股权投资2.2亿元,两项合计超过10亿元,而上市前该两项资产为零。因此，股权投资是导致公司非流动资产大幅度增长的首要因素，其次是固定资产投入的大幅度增长。

汤臣倍健固定资产、可供出售金融资产及长期股权投资如图 11-10 所示。

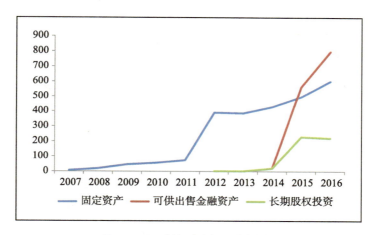

图 11-10　汤臣倍健固定资产、可供出售金融资产及长期股权投资

### 11.3.4　应收款项周转率及存货周转率分析

就公司日常管理而言，我们的分析将着重于公司的应收款项管理水平和存货管理水平。

#### 1. 应收款项周转率分析

公司应收账款、应收票据、预付账款的管理水平较之 10 年前有非常明显的进步。2016 年度的应收款项周转率为 22 次，与 2015 年度持平。较之 2007 年的 8 次有较大幅度增长，较之上市前的 2009 年的 12 次，也有较大幅度提升。

汤臣倍健应收款项周转率如图 11-11 所示。

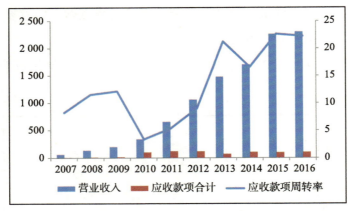

图 11-11　汤臣倍健应收款项周转率

### 2. 存货周转率分析

公司存货管理水平总体上比较稳定，2016 年度为 2.42，2015 年度为 2.47，2014 年度为 2.53。相较之下，2016 年度因销售增长缓慢导致存货周转率略有下降，但总体上影响不大，说明公司存货管理系统相当规范和高效。

汤臣倍健存货周转率如图 11-12 所示。

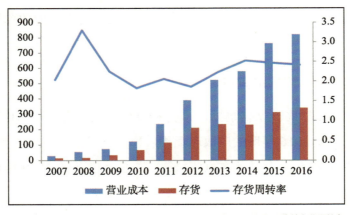

图 11-12　汤臣倍健存货周转率

由此可知，公司由于资产规模在总体上增长过快导致管理效率下降，甚至是大幅度的下降，这是重要的减分因素。但公司应收款项管理和存货管理系统相对比较高效，而主要的问题则存在于公司的战略构思和资产布局方面。一是公司股权投资增长过快，二是固定资产投资增长过快。这两大资产的增长是助推公司未来增长的有利因素还是不利的包袱，现在我们还无从结论。我们所能够得出的结论是：从短期报表分析来看，这两大因素在目前是导致公司管理效率下降的首要和次要因素。至于它们是否在战略上合理或有效，目前尚不能妄下断语。

## 11.4 财务层面：资本过剩，资本成本高企

### 资产负债率分析

公司自上市以来的资产规模从 1.49 亿元，增长到目前的 53.28 亿元，其资本主要是源自于股东权益资本的增长。公司 2016 年度末的资产负债率为 11.72%，既没有短期银行借款，也没有长期银行借款，总的负债仅为 6.25 亿元。上一年度仅为 3.52 亿元，资产负债率更是低至 7.17%。

汤臣倍健资产负债率如图 11-13 所示。

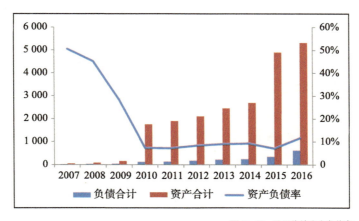

图 11-13 汤臣倍健资产负债率

一方面，我们说这样的公司在财务上是安全的，不存在任何财务上的风险；但另一方面，我们也会说，这样的公司在财务上是保守的，大比例地使用股东的资本，只会导致公司加权平均资本成本高企，净资产收益率（股东权益报酬率）下降。公司上市前因为小巧而精致，其股东回报率高达 50% 以上。但在上市当年，因超募资金致使股东报酬率狂跌至 5.6%，2016 年度的股东报酬率也仅为 10.79%。

公司自上市以来，先后累计募集资金 33.58 亿元，首发募集资金 15 亿元，2015 年 2 月，通过定向增发方式募集资金 18.65 亿元。因此，公司规模的快速扩张主要是因为股东权益增长的推动。

为什么一家公司会持续向股东伸手？这个问题虽不是会计问题，但很值得大家思考。

## 11.5 业绩层面：净利润具有较高的含金量

### 11.5.1 净利润的现金含量分析

公司过去 10 年经营活动净现金占税后净利润之比，仅有少数年份的净现金低于净利润，在过去 4 年，净现金占比始终高于净利润，2013 年为 1.49，2014 年为 1.12，2015 年为 1.02，2016 年为 1.35。公司经营活动净现金的充沛也充分表达了公司在存货及应收款项管理方面的卓越成效。

汤臣倍健利润现金保障倍数如图 11-14 所示。

### 11.5.2 股东权益报酬率分析

前面已经提到，2016 年度公司股东权益报酬率为 10.79%，由于公司合并报表中仅有少量的少数股东权益（3 850 万元），所以，公司综合股东权益报酬率与归属于少数股东权益报酬率相差无几。而且，由于拥有少数股东权益的子公司亏损，所以，这还导致归属于母公司股东的权益报酬率（11.44%）略高于综合股东权益报酬率。这也许是少数股东共同投资的公司目前尚处于亏损期所致。

汤臣倍健综合权益报酬率及母公司权益报酬率如表 11-2 所示。

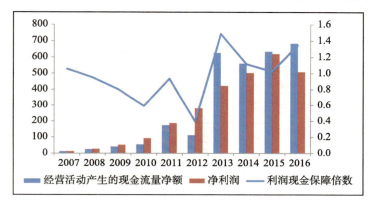

图 11-14　汤臣倍健利润现金保障倍数

### 11.5.3　分红率分析

公司自上市以来累计实现净利润 26.11 亿元，累计分红 18 亿元，分红率高达 69.18%。

汤臣倍健分红率如图 11-15 所示。

图 11-15　汤臣倍健分红率

表 11-2　汤臣倍健综合权益报酬率及母公司权益报酬率

| | 2007年 | 2008年 | 2009年 | 2010年 | 2011年 | 2012年 | 2013年 | 2014年 | 2015年 | 2016年 |
|---|---|---|---|---|---|---|---|---|---|---|
| 净利润 | 12.13 | 26.71 | 52.17 | 92.11 | 186.44 | 280.35 | 421.69 | 502.59 | 620.34 | 507.65 |
| 少数股东损益 | | | | | | | | | −15.16 | −27.56 |
| 归属于母公司所有者的净利润 | 12.13 | 26.71 | 52.17 | 92.11 | 186.44 | 280.35 | 421.69 | 502.59 | 635.50 | 535.21 |
| 归属于母公司所有者权益合计 | 22.21 | 42.27 | 107.00 | 1 624.37 | 1 756.12 | 1 927.12 | 2 232.78 | 2 447.70 | 4 562.02 | 4 680.02 |
| 所有者权益合计 | 22.21 | 42.27 | 107.00 | 1 624.37 | 1 756.12 | 1 927.12 | 2 232.78 | 2 447.70 | 4 553.86 | 4 703.70 |
| 母公司权益报酬率 | 54.62% | 63.19% | 48.76% | 5.67% | 10.62% | 14.55% | 18.89% | 20.53% | 13.93% | 11.44% |
| 综合权益报酬率 | 54.62% | 63.19% | 48.76% | 5.67% | 10.62% | 14.55% | 18.89% | 20.53% | 13.62% | 10.79% |

当然，更值得一提的是，公司 2016 年度税后净利润 5.08 亿元，而 2017 年度中报税后净利润就高达 5.97 亿元。即使扣除 1.21 亿元投资净收益的影响，公司税后净利润的增长也很可观，由此助推了公司股价的上扬。

## 11.6　简要结论

从总体上来看，这是一家处在快速增长过程中的公司，无论是销售还是净利润的快速增长都是不可否认的事实。但是，由于其资产规模的增长快于销售收入的增长，所以，在公司快速增长的过程中，管理效率日趋下降。而公司管理效率下降的原因并不在于日常运营管理效率的下降。相反，从日常运营效率来说，存货管理及应收账款的管理都可圈可点，10 年来不仅没有下降，反而有较大幅度的提升。

公司管理效率的下降主要在于公司股权投资和固定资产投资的大幅度增加，导致公司非流动资产的占比提升和非流动资产周转率大幅度下降，从而累积了公司长期经营的风险。除此之外，公司资产规模的大幅度增长主要由股东权益资本推动，公司负债率极低。虽然这使得公司财务风险很小，但由于股东权益资本占比过大，资本成本较高，导致公司股东权益报酬率较低。

虽然公司增长较快，盈利丰厚，但目前仍有被市场低估的嫌疑。如果公司在战略层面上能够进一步厘清发展思路，提升理财水平和降低公司资本成本，相信公司的未来发展潜力巨大。

薛云奎

2017 年 8 月 8 日星期二于温哥华

# 12 / 恒瑞医药
## 一家股价上涨55倍的制药公司

## 12.1　中国人的专利制药企业

恒瑞医药是国内最大的抗肿瘤药和手术用药的研究和生产基地,是国内最具创新能力的大型制药企业之一,致力于在抗肿瘤药、手术用药、内分泌治疗药、心血管药及抗感染药等领域的创新发展,并逐步形成品牌优势。公司在美国、上海和连云港建有四大研究中心和一个临床医学部,并建立了国家级企业技术中心和博士后科研工作站。

自上市以来,恒瑞医药股价上涨了55倍,这算不算是一家卓越的好公司?这或许是一个不应该问的问题。因为如果不是,只能说明这个市场上的投资人都很傻。如果说是,那么,它究竟好在哪里?为什么那么值钱?穿透式财报分析或许能帮助我们解答这个问题。

## 12.2　产品销售分析

### 12.2.1　产品构成分析

这是一家年销售收入111亿元,税后净利润26亿元,在册员工12 653人的制药企业。其产品主要是抗肿瘤药和手术用药。2016年度,针剂药销售收入 80 亿元，片剂药 29 亿元，原料药及其他销售占比非常小，不足 2 亿元。由此，我们可以得出如下结论：恒瑞医药 98% 以上的收入均源自公司主营产品的销售，可以说这是一家专业化程度非常高的公司。

恒瑞医药产品构成如图 12-1 所示。

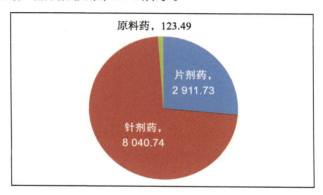

图 12-1 恒瑞医药产品构成

### 12.2.2 销售分布分析

从销售的地域分布来看，中国的销售超过 106 亿元，国外的销售目前尚不足 5 亿元，占比不到 4%。由此，我们说这是一家中国本土化特色鲜明的公司。虽然其产品已开始走向国际，但并未得到国际市场的广泛认同。

恒瑞医药销售分布如图 12-2 所示。

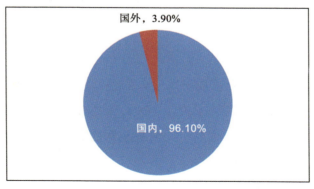

图 12-2 恒瑞医药销售分布

那么，这家公司究竟有什么秘密或者说它究竟有多卓越而使之能得到中国证券市场投资人的持续认同呢？以下，我尝试从年报信息中给各位理出一些头绪，以期既能帮助我们理解这家公司的成功，同时又能指引我们去经营一家成功的企业。

## 12.3 核心能力描述

### 12.3.1 重视人才

首先，这是一家十分重视人才，尤其是高学历人才的公司。公司现有员工 12 653 人，其中有博士学位的员工 186 人，硕士 1 192 人。两项相加，占到公司员工总数的 11%，远高于同业复星医药（6%）和云南白药（4%）等同层级人员的占比。

医药行业员工学历构成如表 12-1 所示。

表 12-1　医药行业员工学历构成

|  | 博士 | | 硕士 | | 本科 | | 专科 | | 其他学历 | | 总人数 |
| --- | --- | --- | --- | --- | --- | --- | --- | --- | --- | --- | --- |
|  | 人数 | 占比 | 人数 | 占比 | 人数 | 占比 | 人数 | 占比 | 人数 | 占比 | |
| 恒瑞医药 | 186 | 1.47% | 1 192 | 9.42% | 5 463 | 43.18% | — | 0.00% | 5 812 | 45.93% | 12 653 |
| 复星医药 | 134 | 0.69% | 1 021 | 5.23% | 5 395 | 27.63% | 4 977 | 25.49% | 7 996 | 40.96% | 19 523 |
| 云南白药 | 27 | 0.32% | 318 | 3.79% | 3 406 | 40.57% | 3 177 | 37.84% | 1 468 | 17.48% | 8 396 |

### 12.3.2 重视研发投入

其次，这是一家十分重视研发投入的公司。2016 年度，公司投入研发费用 11.84 亿元，占销售收入的 10.68%，研发人员数量 2 142 人，占公司总人数的 16.93%。这也远高于同业复星医药和云南白药的研发经费和人员投入。

医药行业研发投入及研发人数如表 12-2 所示。

表 12-2　医药行业研发投入及研发人数

| | 研发投入 | 占销售收入比 | 研发人数 | 占员工总数比 |
|---|---|---|---|---|
| 恒瑞医药 | 1 184 | 10.68% | 2 142 | 16.93% |
| 复星医药 | 830 | 6.60% | 2 194 | 11.24% |
| 云南白药 | 90 | 0.40% | 679 | 8.09% |

### 12.3.3　重视营销和品牌投入

最后，这是一家十分重视营销和品牌投入的公司。2016 年度，公司投入营销费用 43.52 亿元，较上年的 35.25 亿元增长 23.45%，远高于销售收入 19.08% 的增幅。同时，其重视程度也要远远领先于其他同业公司。

医药行业营销投入及销售人员如表 12-3 所示。

表 12-3　医药行业营销投入及销售人员

| | 营销投入 | 占销售收入比 | 销售人员 | 占员工总数比 |
|---|---|---|---|---|
| 恒瑞医药 | 4 352 | 39.23% | 7 288 | 57.60% |
| 复星医药 | 3 704 | 25.32% | 3 124 | 16.00% |
| 云南白药 | 2 840 | 12.68% | 5 155 | 61.40% |

以上三个方面，或许只是表达了公司的一种经营理念，它虽然有助于表达公司的创新能力和品牌影响力，但并不足以用来说明公司是否真正具有投资价值。只有当公司的这些核心能力转换为公司真实的财务业绩，它才能用以表达这家公司在财务上的投资价值。以下，我们就从财务层面来穿透这家公司的内在投资价值。

## 12.4　财务业绩描述

### 12.4.1　销售收入与净利润持续增长

公司成立于 1997 年，2000 年 9 月上市。上市当年的销售收入 4.85 亿元，净利润 6 500 万元。较之 2016 年度的销售收入 110.93 亿元和净利润 26.34 亿元，分别增长了 21.88 倍和 39.19 倍。销售收入的平均年度复合增长率超过 20%，净利润的平均年度复合增长率接近 26%。所以，一家公司要具有长期投资价值，仅有利润是远远不够的，它的销售还必须保持持续、稳定的增长。而且，净利润的增长原则上应当快于其销售收入的增长，它才有更大的含金量。

恒瑞医药净利润及销售收入如图 12-3 所示。

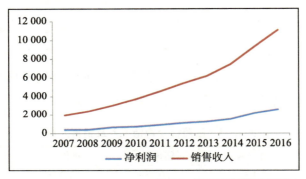

图 12-3　恒瑞医药净利润及销售收入

### 12.4.2　100% 的净利润由主营业务贡献

公司税后利润 26.34 亿元，税前利润 30.13 亿元，所得税 3.79 亿元。实际所得税率 12.58%，低于行业 211 家上市公司平均 16.17% 的水平。在 30.13 亿元的税前利润中，投资净收益 1 475 万元，营业外收入 3 172 万元，捐赠等营业外支出 4 287 万元，两者相抵后支大于收 1 115 万元。我们虽然不能说，投资收益和营业外收入不是利润，但一般情况下，主营业务贡献的利润才更加具有可持续性，也拥有更高的含金量。而恒瑞制药几乎 100% 的净利润由主营业务贡献，足见其含金量之高！

恒瑞医药主营业务利润占比如图 12-4 所示。

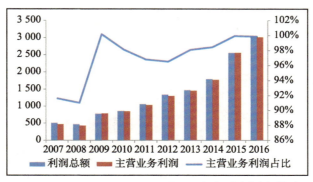

图 12-4 恒瑞医药主营业务利润占比

### 12.4.3 销售及利润增长源自内生性推动

公司 30.13 亿元的税前利润中，29.6 亿元的利润由母公司利润贡献，占总利润的 97%；110.93 亿元销售收入中的 103.47 亿元由母公司贡献，占销售收入的 93%。公司自上市以来没有通过任何购并的方式去扩展合并收入和利润，这不仅保证了销售及利润的高含金量，而且避免了公司资产规模，尤其是商誉等虚资产规模的膨胀。我们虽然不能说因购并引起的合并收入和利润的增长不是增长，但相对而言，内生性增长相对于那些买来的增长，显然具有更高的投资价值。

### 12.4.4 大于净利润的净现金保障

公司 2016 年度净利润 26.34 亿元，同期经营活动现金净流入 25.93 亿元，基本持平。纵观过去 5 年，净现金对净利润的保障程度均保持在大于 1 的水平。虽然我们不能说应计制 36 下的账面利润就一定有水分，但有净现金保障的净利润当然会更让人放心，这样的利润也具有更高的含金量。

恒瑞医药利润现金保障倍数如图 12-5 所示。

图 12-5 恒瑞医药利润现金保障倍数

## 12.4.5 差异化的产品与创新

公司 2016 年度销售毛利率 87.07%，较上年 85.28% 有明显提升，较 2014 年的 82.38% 更有较大幅度的增长，这说明公司在过去三年通过加大研发投入力度，有效地提升了产品的差异性和创新性。虽然我们不能说薄利多销不是一个好的营销策略，但通常情形下，只有不断推出新的产品才能够使企业保持更年轻的竞争活力。

恒瑞医药销售毛利率如图 12-6 所示。

图 12-6 恒瑞医药销售毛利率

### 12.4.6 始终保持轻盈的体态

截至 2016 年度末,恒瑞医药的总资产为 143.3 亿元。其中:非流动资产 29.36 亿元,流动资产 113.93 亿元。非流动资产占比仅为 20.49%,较之 10 年前的 25.76% 有显著下降,说明公司对非流动资产的控制是非常有效的,经营风险低。虽然我们不能说囤积资产(比如土地)以等待升值不是获利的一种有效方式,但始终专注主业、心无旁骛更能彰显一家企业的事业追求和高效率。

恒瑞医药非流动资产占比如图 12-7 所示。

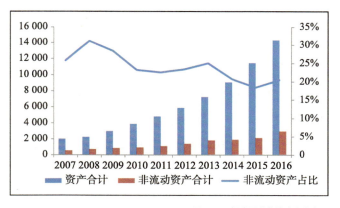

图 12-7　恒瑞医药非流动资产占比

### 12.4.7 现金为王

公司 2016 年度末现金高达 49.12 亿元,定期理财产品 15.3 亿元,两者相加接近总资产的一半,高达 45%。应收账款、应收票据、预付账款合计 39.02 亿元,占总资产的 27.23%。存货仅为 6.36 亿元,仅占总资产的 4.44%。从资产构成层面上来说,如果有风险的话,关键风险可能存在于应收项目方面。虽然我们不能说除现金之外的资产都有风险,但现金资产的占比越高,也就意味着公司的资产估值风险越小。

### 12.4.8 自力更生

公司增长不向股东和银行伸手,完全自力更生。公司除首发募集 4.79 亿元资金以外,剩余部分的发展资金则主要由公司未分配利润贡献。公司自上市以来累计实现净利润 137.3 亿元,现金分红 14.5 亿元,已远超当年募集资金总额。与此同时,公司还没有使用任何银行贷款和有息负债。虽然我们不能说凡是透过增发募股和银行融资来发展的公司都一定不是好公司,但完全依赖自身积累获得快速发展的公司,我相信它也一定具有更大的未来发展潜力。

### 12.4.9 持续的高额股东回报

2016 年度公司税后净利润 26.34 亿元,股东权益合计为 128.74 亿元,所以,它的股东报酬率为 20.46%。这一指标虽然较 2007 年的 25.63% 有较大幅度的下降,但在过去 10 年,基本都保持在 20% 以上。虽然股东权益报酬率高于 20% 的公司未必一定是好公司,但好公司的股东报酬率最好要高过 20%。

恒瑞医药权益报酬率如图 12-8 所示。

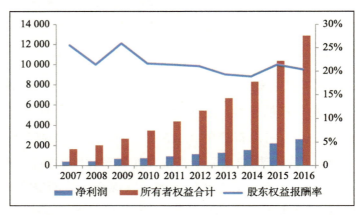

图 12-8 恒瑞医药权益报酬率

### 12.4.10 不轻易谈合作

在公司合并报表中，少数股东权益的占比极低，仅有 4.86 亿元。合并利润表中分配给少数股东的净利润仅为 4 500 万元，占净利润比例为 1.72%，非常低。所以，公司综合股东权益报酬率与归属于母公司股东权益报酬率基本一致。这也表明公司销售及利润增长主要源自于母公司的内生性增长，而非与其他第三方机构合作所带来的增长。虽然我们不能说好公司都不要与第三方合作，但没有第三方合作也能获得同样成功的公司通常也说明它具有更高的含金量。

仁者见仁，智者见智，不同的人站在不同的角度，自然会有不一样的看法。但以上的分析均为基于财报所得出的客观结论，尽管这些结论未必都可称之为卓越的优点，恒瑞医药也并非完美无缺，但总体上它做得不错。若一定要鸡蛋里面挑骨头，那么，这家公司尚有欠缺或值得改进的地方主要有以下三个方面。

## 12.5 主要问题或不足

### 12.5.1 股东权益报酬率提升空间受限

公司最大的问题或不足是其过高的股东权益占比或过低的资产负债率。由于公司利润回报丰厚，虽然历年也加大现金分红力度，但留成的利润回报仍然远高于公司扩大再生产的实际资本需求，导致公司沉淀了越来越多的冗余现金，提高了公司股东权益的占比，以致加权平均资本成本过高，从而影响了公司股东权益报酬率的提升空间。

### 12.5.2 信用风险增加

公司应收项目增长过快增加了公司的信用风险。2007年，公司应收款项余额为4.83亿元，2016年度增长到39.02亿元，增长了7倍多，应收款项周转率从2007年的4.05次下降至目前的2.84次。如果说公司资产部分存有风险的话，应收款项或许是最大的风险领域。

恒瑞医药应收款项周转率如图12-9所示。

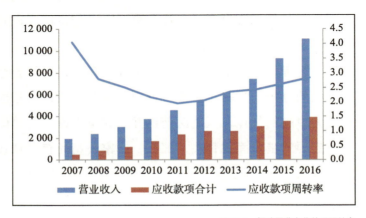

图12-9　恒瑞医药应收款项周转率

### 12.5.3 资产使用效率下降

现金资产及总资产的快速增长导致公司资产使用效率下降。公司2016年度末的资产总额为143.3亿元，销售收入合计110.94亿元，资产周转率为0.77次，较之2007年的0.97次有较大幅度的下降。而下降的主要原因有两个：一是前面提到的应收项目有较大幅度的增长；二是现金占款的大幅度增长，从2007年的5.72亿元，增长到目前的64.42亿元，增长了10倍以上。公司存货管理基本一如从前，略有下降。2007年的存货周转率为2.87次，目前为2.25次，但因其占比较小，所以，存货管理的总体风险不大。

恒瑞医药资产周转率如图 12-10 所示。

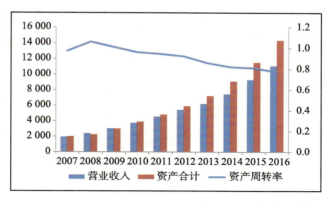

图 12-10　恒瑞医药资产周转率

薛云奎

2017 年 8 月 24 日星期四于温哥华

# 13 / 科大讯飞 风险巨大

## 13.1 科大讯飞：股市上的大公司，财报上的小公司

分析一家公司，我们总要找一些最基本的指标入手。对上市公司而言，最显而易见的指标就是公司市值。我一查科大讯飞的市值，目前已超过 800 亿元，接近 900 亿元。这俨然已经是一家千亿元级的大公司。自 2017 年年初以来，其股价已经上涨了 130%，算是 2017 年表现最抢眼的一家高科技概念公司。

然后，我打开万得（Wind）资讯查了它的年报，发现它 2016 年度的销售为 33.2 亿元，税后净利润为 4.97 亿元。这立即就引起了我的好奇：从报表看，这只是一家小公司，它何以在证券市场上卖出 800 亿～900 亿元的市值？

## 13.2 概念·技术·生意·业绩

中国证券市场最喜欢概念，科大讯飞代表的是时下最热门的人工智能概念。它所拥有的核心技术是智能语音识别与合成，其产品已占到中文语音技术 60% 以上的市场份额，语音合成产品 70% 以上的市场份额，

并且在电信、金融、电力、社保等主流行业的份额更是高达 80% 以上。很显然，这个"概念"有多大已足够我们去发挥想象。

概念要变成技术，本身需要一个过程。不过，科大讯飞似乎已出色地完成了这一过程。公司 2016 年年报指出，它在感知智能、认知智能以及感知智能与认知智能的深度结合等领域均已取得达到国际领先水平的显著研究成果。很显然，以科大讯飞为代表的中国人工智能技术的国际领先，已让我们这些吃瓜群众感到无上骄傲，当然也会毫不迟疑地认为，除了中国市场之外，将来全天下可能都会是我们的。这个"概念"，似乎又大了一层。

然而，技术要变成生意，这又需要一个过程。我不怀疑科大讯飞的技术。技术是你的，但生意却未必也是你的。看生意的关键还是要看业绩，尤其是财务业绩。战略上说得再天花乱坠，也要落实到具体的收入和利润上来。不赚钱的生意肯定不是好生意，最多只能算是做公益。

## 13.3　科大讯飞的财务业绩：表面光鲜，含金量低

公司 2016 年度销售收入 33.21 亿元，较之上市前 2007 年的 2.06 亿元，增长了 15 倍多，而且，呈现出了平滑、稳定的"教科书"式的增长。2016 年销售收入较上年同期增长 32.78%，过去 10 年的平均复合增长率达到 36.19%。

公司 2016 年度净利润为 4.97 亿元，较之上市前一年的 2007 年净利润 0.54 亿元增长了 8.28 倍，较上年同期增长 13.79%。过去 10 年的平均复合增长率达到 28.09%。

由此，我们可以得出初步结论，科大讯飞是一家快速成长的高科技公司，其销售和利润都取得了不俗的成绩，光鲜靓丽。但其实这一结论只看到了表面，如果深入到收入和利润这两个指标的内部，我们会发现

它的含金量偏低。

科大讯飞销售收入及净利润如图 13-1 所示。

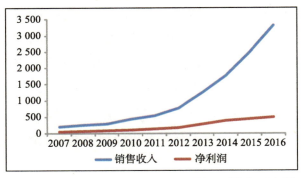

图 13-1　科大讯飞销售收入及净利润

### 13.3.1　销售分布分析

第一，同样是销售，国内市场销售与国际市场销售，其含金量便有差异。公司 2016 年度销售总收入 33.21 亿元，其中仅有 0.16 亿元源自海外的日本市场，中国本地市场销售占到总收入的 99.5%。因此，从财报角度来说，公司虽有世界级的技术，但其产品或服务却并未得到世界认同。目前还只能称其为中国本土的一家高科技企业。

科大讯飞销售分布如图 13-2 所示。

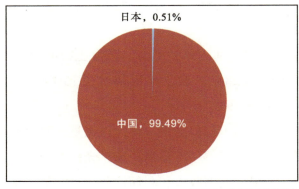

图 13-2　科大讯飞销售分布

## 13.3.2 销售毛利率分析

第二,同样是销售,高毛利的销售还是低毛利的销售,其品质便有不同。2016 年公司综合销售毛利率为 50.52%,较上年度的 48.9% 略有增长,较 2007 年的 42.45% 有较大幅度的增长,这是好的。

科大讯飞销售毛利率如图 13-3 所示。

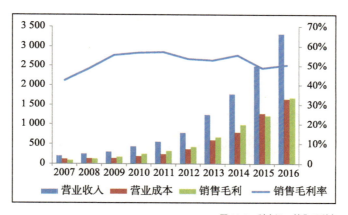

图 13-3　科大讯飞销售毛利率

但如果进一步从产品构成来细分,毛利最高的产品是电信增值产品运营,高达 84.73%;其次是教育产品和服务,高达 55.71%;再是信息工程与运维,仅为 15.56%。由此,我们认为公司产品的销售毛利率区间跨度太大,从 16% 到 85%。这一方面增加了公司销售收入的复杂性;另一方面,也增加了公司的管理难度。而且,近三分之一的收入源自低毛利的信息工程与运维(系统集成与维护),这在一定程度上也降低了销售收入的含金量。

科大讯飞产品毛利率如表 13-1 所示。

表 13-1　科大讯飞产品毛利率

| | 营业收入 | 营业成本 | 毛利率 | 同比增减 |
|---|---|---|---|---|
| 教育产品和服务 | 911.07 | 403.49 | 55.71% | 12.51% |

(续)

|  | 营业收入 | 营业成本 | 毛利率 | 同比增减 |
|---|---|---|---|---|
| 电信增值产品运营 | 404.16 | 61.72 | 84.73% | –3.18% |
| 信息工程 | 832.51 | 702.99 | 15.56% | –7.13% |

### 13.3.3 销售来源分析

第三，同样是销售，自己挣出来的销售与购并买来的销售，其含金量自是不同。前者要通过自身的核心能力才能办到，后者只要肯花钱就能做到。过去 10 年，公司销售虽然增长了 15 倍，但其中大部分增长却是买来的增长。2016 年，公司出资 4.95 亿元收购乐知行 100% 的股权；出资 1.01 亿元，收购讯飞皆成 23.2% 的股权；2015 年，出资 1 500 万元，收购启明玩具 60% 的股权；出资 3 720 万元，收购安徽信投 18.6% 的股权；2014 年出资 2.16 亿元收购上海瑞元 100% 的股权；2013 年出资 4.8 亿元收购启明科技 100% 的股权。这些并购，成为推高公司销售增长的主要因素。虽然合并报表的销售收入保持了快速增长，但其含金量并不高。所以，过去 10 年，其利润的增长幅度（8 倍）远不如其销售收入的增长幅度（15 倍）。

### 13.3.4 销售增速分析

第四，同样是销售，新增销售与原有销售的增长速度不同，其含金量亦有不同。综观公司 2016 年度财报，增长最快的是大数据广告平台收入 0.89 亿元，上年同期仅有 0.13 亿元，增长 569%；其次是智能硬件产品收入 0.35 亿元，上年同期仅为 0.08 亿元，增长 335%。虽然这两项增长或许代表了未来的希望，但在 2016 年它们的增幅虽大，但占比却很低，两项合计也不过占总销售的 3.73%。因此，销售增长总体上还是依赖原有的传统业务。

科大讯飞产品销售收入如图 13-4 所示。

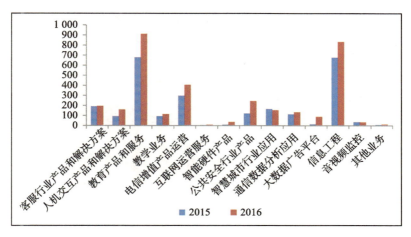

图 13-4 科大讯飞产品销售收入

### 13.3.5 利润可持续性分析

第五，公司利润不可持续。2016 年度，公司合并净利润为 4.97 亿元，税前利润总额 5.61 亿元，所得税 0.64 亿元，实际所得税率 11.43%。在其 5.61 亿元的税前利润中，投资净收益 1.47 亿元，营业外收支净额 1.77 亿元，其中主要为政府补贴收入 1.8 亿元。以上两项收入合计为 3.24 亿元，对税前利润总额的贡献达到 57.71%。由此可知，公司主营业务对利润的贡献度尚不足 50%，仅为 42.29%，这使得公司利润的含金量被大打折扣，而且不可持续，尤其是股权交易按公允价值[37]估值产生的净收益只是一次性收益。所以，2017 年中报业绩大幅度滑坡，也在情理之中。

科大讯飞非主营业务利润占比如图 13-5 所示。

### 13.3.6 利润的现金含量分析

第六，经营活动现金净流入对净利润的支持不足。公司 2016 年度净利润为 4.97 亿元，但同期经营活动净现金仅为 2.99 亿元，仅及净利润的 60%，较上年的 118% 有较大幅度的下降。其主要原因是公司存货和应收款项增长过快，导致现金回笼不足，财务风险加大。

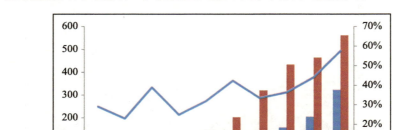

图 13-5　科大讯飞非主营业务利润占比

## 13.4　科大讯飞的管理团队：擅长融资，不擅长盈利

### 13.4.1　资本构成分析

科大讯飞成立于 1999 年，2008 年在中小企业板上市，发行新股 2 680 万股，发行价 12.66 元，预计募资 2.7 亿元，实际募资 3.4 亿元。上市当年拿到募集资金之后资产规模便达到 5.97 亿元。现如今，这家公司的资产规模已然扩张到了 104.14 亿元。扩张的资金从何而来？一而再，再而三地向股东伸手，而且是定向伸手，这就是它的秘籍。公司分别于 2011 年、2013 年、2015 年、2016 年、2017 年定向募集 50 亿元。2016 年，又向银行申请长期和短期借款 6.76 亿元。而公司在过去 10 年的累计盈利不过 22.67 亿元，累计现金分红 6.76 亿元。由此，两相比较，公司向股东和银行要钱的能力要远胜于其赚钱的能力。为什么股东乐于奉献？这其中的道理自然有人会讲明白，按下不表。当然，公司也很有可能目前还处于投资扩张期，未来或许可以给股东带来丰厚的回报。也许，正因为有这个希望所在，才导致了目前股价的

疯狂上涨，这让之前的投资人已然赚了个盆满钵满。只不过，如果这一希望落空，一落千丈，后面的投资人就可能血本无归或空欢喜一场。

### 13.4.2 股东权益报酬率分析

公司持续向股东"伸手"，导致公司股权资本占比过高，从而引起公司股东权益报酬率一路走低。从上市前的31.14%，降至2016年的6.88%。如果将来使用股东的资本更多，这一比例还会进一步下降。

科大讯飞股东权益报酬率如图13-6所示。

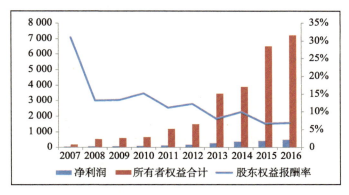

图13-6 科大讯飞股东权益报酬率

## 13.5 科大讯飞：管理效率随规模扩张而下降

科大讯飞在上市前是一家小巧而精致的公司。各项财务指标都是过去10年中最好的。从资产到存货，从应收款到销售，再到利润，无论从哪个角度看，那时候的科大讯飞都是一个不错的小公司。但如今，科大讯飞长大了，各方面的表现却变差了。或许，它正在下一盘很大的棋……

### 13.5.1 资产增长分析

第一，资产规模的大幅度增长只是"虚胖"。截至2016年年底，公司资产总额为 104.14 亿元，较之上市当年的 5.97 亿元，增长了 16.45 倍。他们都买了些什么资产？其中包括，固定资产 10.6 亿元（主要为房产、计算机设备和专用设备），无形资产 10.7 亿元（主要为软件和校名使用权），商誉 11.26 亿元（主要为购并溢价）。公司连续不断的购并，导致公司非流动资产合计大幅度增长至 48.81 亿元，占总资产的 46.87%，远高于上市前 25% 的水平。尤其是商誉和无形资产等虚资产占比过高，导致公司资产估值风险巨大。

科大讯飞非流动资产占比如图 13-7 所示。

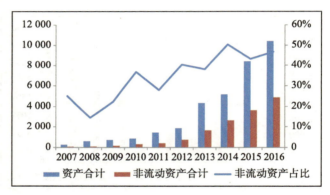

图 13-7　科大讯飞非流动资产占比

### 13.5.2　资产效率分析

第二，资产规模膨胀导致利用效率下降。公司 2016 年资产周转率仅为 0.32 次，远低于上市前的 0.76 次的水平。应收款项周转率为 1.76 次，远低于上市前 2.19 次的水平；存货周转率 2.72 次，远低于 2007 年 18.27 次的水平。由此，我们似乎只能猜测，这家公司的管理层或许只会管理小规模的公司，而不擅长管理规模大的公司。

科大讯飞资产周转率如图 13-8 所示。

科大讯飞应收款项周转率如图 13-9 所示。

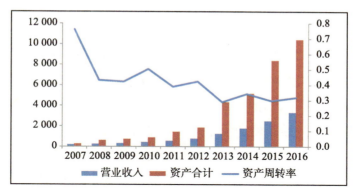

图 13-8　科大讯飞资产周转率

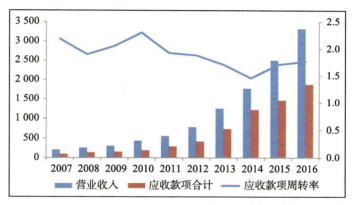

图 13-9　科大讯飞应收款项周转率

科大讯飞存货周转率如图 13-10 所示。

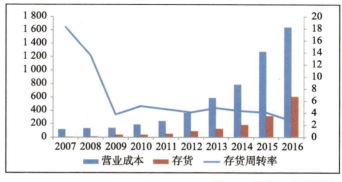

图 13-10　科大讯飞存货周转率

### 13.5.3 营销和研发分析

第三，公司管理层似乎正在下一盘很大的棋。从上面的分析可知，这并非是一家擅长管理的公司，但却是一家十分重视研发和营销的公司。相较之下，他们对营销的重视程度要远胜于对研发的重视。公司自 2014 年开始，便加大了对营销的投入力度。每年投入销售费用分别为 2.4 亿元、3.76 亿元和 6.49 亿元，其增长速度要远快于销售收入的增长速度，说明公司最近三年的经营理念非常进取，大有造势的意味。

科大讯飞销售费用及其增长率如图 13-11 所示。

图 13-11 科大讯飞销售费用及其增长率

相较之下，研发投入则显得要温和许多。虽然也有较大增幅，但总体增长缓慢。自 2014 年以来，研发投入分别为 5.18 亿元，5.77 亿元和 7.09 亿元，其增长幅度仅为 41.32%、11.44% 和 22.84%。由此也可看出，研发与市场孰轻孰重。管理层最终还是选择了营销造势而非低调创新。当然，这只是经营企业的理念不同，无可厚非。关键还是要看业绩，看增长。

科大讯飞研发投入及其增长率如图 13-12 所示。

图 13-12 科大讯飞研发投入及其增长率

## 13.6 简要结论

综合上述,科大讯飞在经营层面是一家快速增长但含金量不高的公司;在管理层面,是一家扩张很快但效率低下的公司;在财务层面,是一家擅长募资但却不擅长赚钱的公司;在业绩层面,是一家大手笔花钱但股东回报率却低下的公司。在其光鲜的增长背后,其实隐含了巨大的风险。或许,公司正在下一盘很大的棋,而作为俗人的我,又无从所知。

薛云奎

2017 年 8 月 27 日星期日于温哥华

·········· 案例延伸 ··········

### 科大讯飞质疑事件后续

**公司官方回应**

"科大讯飞 风险巨大"一文在个人公众号"薛云奎"上发布后,引起了媒体与投资业界的广泛关注和讨论。面对质疑，科大讯飞于2017年8月30日在股吧中进行了官方回应，具体如下：

按照作者的观点和逻辑，就不会有像亚马逊、特斯拉、京东等这样的企业了。以亚马逊为例，其亏损近20年，估值却达4 800亿美元就是其广大投资者对其战略和落地执行能力的认可。

科大讯飞强调，净利润增长并非公司第一目标。公司2015年3月16日第三届董事会第十次会议上，制定了用人工智能核心技术抢占国际领先制高点等三大重点任务，明确了在加大研发和市场投入的同时，不以当前税后利润增长为第一目标，构建公司长期竞争优势的发展战略。

科大讯飞8月9日披露的半年报显示，上半年营业收入和毛利润增速均超43%，但净利润同比下降58.11%，经营活动产生的现金流量净额较上年同期降低60.09%。科大讯飞称，上半年净利润下降主要系两个因素影响所致：一是公司在人工智能重点应用领域持续加大核心技术研发、渠道建设和产业布局，费用增加总计达3.6亿元，超过新增毛利3.28亿元。二是公司2016年收购参股公司讯飞皆成部分股权，在合并报表中按财务准则实现投资收益1.17亿元，该部分收益导致2017年科大讯飞非经常性收益比2016年同期大幅减少。

另外，公司半年度报告及相关投资者调研活动中，对当前经营情况、公司成长性等情况进行了公开透明的分析与详细说明，相关经营策略也是近年来董事会、股东大会的一致共识。

科大讯飞回应公告如图13-13所示。

### 薛云奎教授再回应

媒体与投资业界对于科大讯飞的讨论本是好事，这对推动和普及中国证券市场的价值投资理念是有益的。不过未曾想到的是：大家在讨论科大讯飞的财报分析时却惹上了美国亚马逊，这就不得不让我多说几句了。

> **科大讯飞股友** 002230　影响力 ★★★★★　吧龄 8个月
> 发表于 2017-08-29 21:13:00 股吧网页版
>
> **问** 讯飞的刘董：今天有媒体上文章公开质疑科大讯飞-长江商学院薛云奎：人工智能第一股科大讯飞风险巨大——公司对这个文章说的讯飞风险，怎么看待！
>
> **答** 科大讯飞：
> 您好，按照作者的观点和逻辑，就不会有像亚马逊、特斯拉、京东等这样的企业了。以亚马逊为例，其亏损近20年，估值却达4800亿美元就是其广大投资者对其战略和落地执行能力的认可。其实，文章中关于提到的公司盈利能力、成长性等问题，公司半年度报告和8月10日的投资者调研活动中，对当前经营情况、公司成长性等情况进行了公开透明的具体分析与详细说明。就2017上半年来说，公司上半年的经营情况呈现了良好的发展态势，营收同比增长43.79%，毛利同比增长46.99%，毛利率也稳步提升。销售收入方面：一季度同比增长35%，二季度同比增长50%，增长势头明显；毛利方面：一季度增长速度是38%，二季度为53%，呈现了加速增长的态势；上半年新增的毛利3.26亿全部投入到市场布局、技术研发、运营支撑等战略核心环节中：面向人工智能落地布局的销售费用同比增长了66%；研发费用从2.19亿到3.58亿，增长63%；运营支撑相关费用、办公折旧费用等新增0.56亿，增长61%，这三项新增费用均是为了未来持续增长打下基础的硬性投入，上述投入为人工智能产业壁垒的构建，为未来持续爆发式增长扎扎实实的夯实了基础。具体人工智能行业落地推进方面，人工智能在教育、医疗、公检法方面的人工智能落地均取得扎实进展，尤其是教育行业已经逐步进入收获期，教育业务投入增长21%的情况下，上半年营收增长57%，毛利增长105%。上述经营策略也是近年来董事会、股东大会的一致共识：2015年3月16日第三届董事会第十次会议上，制定了"用人工智能核心技术抢占国际领先制高点、同时保持活跃用户数快速增长、销售收入和毛利快速增长"的三大重点任务，明确了在加大研发和市场投入的同时，不以当前税后利润增长为第一目标，构建公司长期竞争优势的发展战略。2017年1月10日第四届董事会第一次会议上，董事会成员对拟实施的限制性股票激励计划进行沟通时，一致认为"人工智能面临巨大的产业机会，公司在机遇面前应敢于投入，本次限制性激励计划不设置利润增长考核指标"上述计划在2017年2月8日第二次临时股东大会上投票时，获得99.98%的高票通过，其中参加投票的中小投资者的赞成率达到了99.92%，再次表明董事会和广大中小股东的共识和期待。
>
> （来自 互动易）　答复时间 2017-08-30 10:47:00

图 13-13　科大讯飞回应公告

第一，美国亚马逊（AMZN），正如大家所熟知的，是一家在线零售商。2016年度销售收入1 360亿美元，较上年1 070亿美元增长27%；实现税后净利润23.71亿美元，较上年5.96亿美元增长297.82%。目前市值4 648亿美元。过去10年，亚马逊有8年盈利。只有2012年（亏损 0.39 亿美元）和 2014 年（亏损 2.41 亿美元）两年亏损，其余年份皆为盈利。不知为何科大讯飞却要说它亏损近 20 年，也不知这样说的依据在哪里。

亚马逊的销售收入及其增长率如图 13-14 所示。

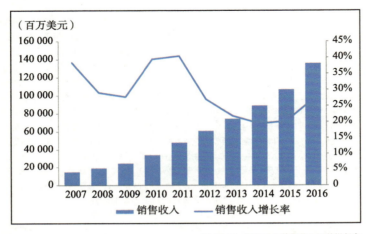

图 13-14　亚马逊的销售收入及其增长率

亚马逊的净利润如图 13-15 所示。

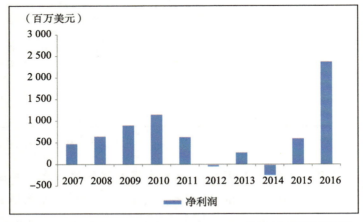

图 13-15　亚马逊的净利润

第二，科大讯飞与亚马逊，根本就是两个完全不同的企业。一个是人工智能，一个是在线零售。而且，无论是商业模式还是公司规模，二者都差异巨大。不知为何科大讯飞却要比肩亚马逊，而且，还把特斯拉和京东也放在一起。把这四家公司放在一起有什么好比呢？是比利润，还是比亏损？抑或是比净现金？这在专业财报分析看来，似乎有点匪夷所思。打个比方，亚马逊在过去5年，虽然盈利不高，但它的经营活动净现金却很高。2016年高达164亿美元，2015年为119亿美元，远远高于它的同期净利润23.71亿美元和5.96亿美元的水平。净现金分别是其净利润的7倍和20倍。其现金净流入之所以很高，一方面要归功于它的存货和应收款项控制有度；另一方面，也因为它投资了很多高新技术设备而在稳健会计的指引下收回了大量折旧。究竟是比现金合适，还是比利润更合适？这在会计学术界已经争论了很多年，而且，我相信还会一直争论下去。

亚马逊利润现金保障倍数如图13-16所示。

图13-16 亚马逊利润现金保障倍数

衡量一家企业的产出，既可以采用净利润指标，也可以采用净现金指标。前者依循应计会计原则，后者依循现金会计原则。所以，对企业估值如果采用净利润指标，我们称其为市盈率（市值/净利润）。如果采用净现金指标，我们称其为市现率（市值/净现金）。亚马逊公司因其会计政策稳健，而且不断致力于尝试新的技术，所以，其报表盈利水平一直不高，市盈率也因此居高不下。但如果用市现率来衡量，它当前的市值却并不离奇，仅仅27倍。当然，如果用市销率（股价/销售）来衡量，则更低，仅为3倍多一点。但很多人只知其一，不知其二，更不知其三，还经常用亚马逊的市盈率作为标杆来说服中国证券市场的吃瓜群众相信中国市场高市盈率的合理性，也不知这样对比的理由何在。

第三，财报分析虽然是看过去，但过去是预测未来的基础。谁也无法逃避过去、背叛历史。我们分析科大讯飞过去10年的财报，无非是要更好地、透彻地理解这家公司的经营、管理、财务和业绩，并从中看到公司的核心能力、竞争优势，以及所可能存在的问题与不足。分析一方面是为了学习，为了改进，为了提高，另一方面也是为了预测公司未来的增长前景和发展方向。虽然财报分析并不能完全预测技术变革过程中的偶然性，但只要这种偶然性出现，就一定会在财务业绩上有所表现。如果说，一家公司的技术创新始终不能产生财务业绩，那么，这样的创新就只可能是公益而不具有投资价值。

当然，财报分析只是一个工具，一个方法。它不是万能的，但它也不是毫无用处的。我们既不要迷信它，也不要排斥它。虽然公司股价并不完全取决于会计利润，但长期而言，会计利润对股价变动的解释力超过60%。由此，我也建议大家不要轻易排斥那些客观的、理性的、没有偏见和恶意的财报分析结论。排斥，只能让自己固步自封，包容，才能让自己不断进步。

薛云奎

2017年8月31日

# 14 / 腾讯控股
## 世界还很大

腾讯在中国，几乎是家喻户晓。超过 3 万亿元人民币的市值，已使之成为全球市值最大的前 10 大公司之一。那么，它究竟是只有概念，还是其背后也藏有骄人的财务业绩？未来它还能走多远？我相信这都是大家特别关心的话题。

## 14.1 腾讯控股及其定位

### 14.1.1 网络游戏提供商

腾讯控股是一家怎样的公司？也许每个人站在各自的立场上，会有各种各样的答案。在它的年报中，号称"是目前中国最大的互联网综合服务提供商之一"。但从财报角度来看，确切地说，它应该是一家互联网增值服务提供商或网络游戏提供商。因为它 2016 年度主营产品销售 1 519.38 亿元，其中增值服务收入 1 078.1 亿元，占销售总额的 71%。而在增值服务收入中，网络游戏收入 708.44 亿元，几乎接近其总收入的一半（占总销售收入的 46.63%）。因此，说它是一家网络游戏提供商也不为过。

腾讯控股销售构成如图 14-1 所示。

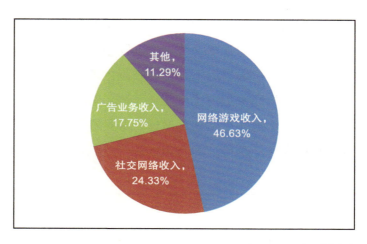

图 14-1　腾讯控股销售构成

### 14.1.2　股权投资机构

如果从资产构成角度来看,它其实又应当被定义为一家股权投资机构。因为在其 2016 年度报告中,资产总额 3 958.99 亿元,其中的长期和短期权益类投资便高达 2 177.53 亿元,占总资产的 55%。这些投资分别包括但不限于京东(18.22%)、特斯拉(5%)、Supercell(76.9%)、华彩控股(7%)、华谊兄弟(4.84%)等。由于腾讯控股的投资既多且杂,而且规模较小,很多小规模的股权投资或购并并未触及强制性信息披露条例,所以,外界很少能够窥知详情。但无论如何,如果一家公司一半以上的资产都是股权投资,那么,把它看成是一家股权投资机构,也未尝不可。

控股资产构成如图 14-2 所示。

### 14.1.3　中国本土互联网企业

如果从销售构成来看,腾讯控股在目前还只不过是一家中国本土企业。公司 2016 年度销售收入 1 519.38 亿元。其中,国内销售为 1 443.71 亿元,约占销售总额的 95%;海外地区的销售仅为 75.67 亿元,约占销售总额的 5%。这充分表明腾讯控股目前仍然只是一家以中国本土市场为主，并开始国际化起步的互联网公司。国际市场的销售收入虽然在过去几年也有较快增长，但增幅远不及国内市场的增幅，从而导致了其国际销售的份额在销售构成中的占比呈缓慢下降趋势。因此，我们也可以说，腾讯控股的国际化道路仍然任重道远，并且在目前还有逐渐回归本土之嫌。至于它在未来能否得到国际市场的广泛认同，还有待时间来进一步提供证据。

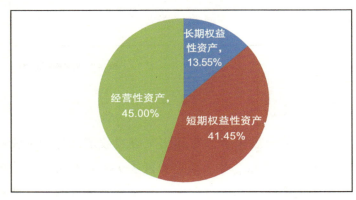

图 14-2　控股资产构成

腾讯控股销售分布如图 14-3 所示。

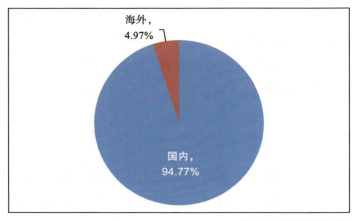

图 14-3　腾讯控股销售分布

## 14.2 腾讯控股的骄人业绩

### 14.2.1 成功的经营

腾讯控股成立于 1999 年，2004 年 6 月在我国香港上市。上市当年销售收入 11.44 亿元，净利润 4.47 亿元。发展到 2016 年，其销售收入为 1 523.44 亿元（其中主营业务销售 1 519.38 亿元），较上市当年增长了 132 倍，13 年间的复合增长率高达 50.33%，最快的年份是 2006 年，增长 96%，最慢的年份为 2005 年，增长 25%。

税后净利润 410.95 亿元，较上市当年 4.47 亿元增长了 90.94 倍，自上市以来的净利润复合增长率 45.76%。其中，增长最快的是 2006 年，增长 119%；最慢的是 2005 年，增长 10%。总体上，公司净利润在所有年份均有增长，只是增长的幅度不同。上市前三年，增长的波动幅度更大一些。而在这之后，增幅基本维持在 40% 左右。

腾讯控股销售收入及净利润如图 14-4 所示。

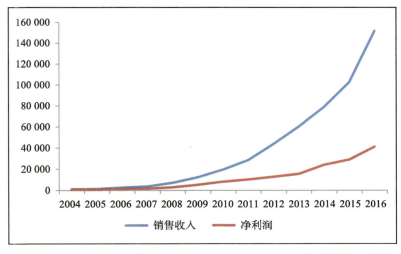

图 14-4　腾讯控股销售收入及净利润

销售收入与净利润保持如此快速的复合增长，世所罕见。即使在销售规模已经突破千亿元的今天，仍然能够保持50%以上的增幅（2017年中报销售收入增长56%，净利润增长64%），可见其经营已非一般的成功可以描述，而是相当的成功。

### 14.2.2 稳健的管理

管理的本质是效率，效率衡量的是投入与产出。在财报分析中，我们通常用资产作为一家公司的"投入"，销售作为其"产出"。这就相当于一名举重运动员在提高举重重量的前提下，还必须要控制他自身的体重。腾讯控股2004年上市当年的资产规模为28.63亿元，销售收入11.44亿元，资产周转率为0.40次；2016年资产规模为3 958.99亿元，销售收入为1 519.38亿元，资产周转率为0.38次。相较之下，其管理效率经过13年的发展略有下降。如果扣除资产构成中不参与生产经营过程的权益类投资及与之关联的商誉资产，其2016年的资产周转率为0.98次，略高于上市当年0.92次的水平。

腾讯控股资产周转率如图14-5所示。

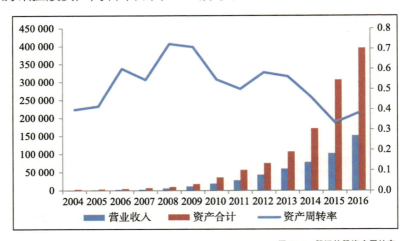

图14-5 腾讯控股资产周转率

由上可知，腾讯控股的管理效率自上市以来并无大的改变。2016年度的应收款项周转率较之上市当年，还有较大幅度的提升，2004年为4.7次，目前为6.73次。而公司存货因其占比实在太小（2.63亿元），不足以道。

腾讯控股应收款项周转率如图14-6所示。

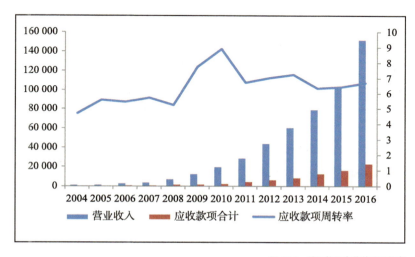

图14-6 腾讯控股应收款项周转率

### 14.2.3 均衡的财技

财务风险与资本成本，犹如鸟的两翼，只有保持适当的均衡，鸟才能飞得既高且远。一家公司的财务风险，表现为资产负债率的高低，负债越高的公司，财务风险越大。一家公司使用的股东资本占比越高，由于股东的期望回报通常都会高于债权资本，所以，这也会导致其资本成本越高。2016年度末，公司资产总额为3 958.99亿元，其中，股东资本1 862.47亿元，负债资本2 096.52亿元，资产负债率为52.96%，较上年60.20%有较大幅度下降，这意味着公司财务风险较之上年有所降低。

腾讯控股资产负债率如图14-7所示。

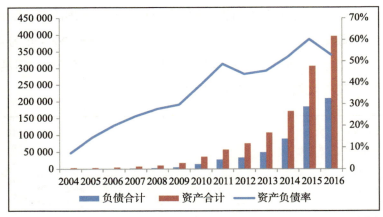

图 14-7 腾讯控股资产负债率

更进一步，在 2 096.52 亿元负债余额中，流动负债 1 011.97 亿元，非流动负债 1 084.55 亿元，非流动负债占总负债的 51.73%。究其原因，我们发现，公司 2016 年度大幅度提升了长期借款的比例，长期借款余额 937.53 亿元，较上年度的 500.14 亿元增长了 87.45%；而同期短期银行借款 122.78 亿元，较上年 120.17 亿元只是略有增长。上述负债结构的改变也进一步降低了公司的短期偿债风险，并且符合公司长期权益类投资的资本需求。

腾讯控股非流动负债占比如图 14-8 所示。

图 14-8 腾讯控股非流动负债占比

### 14.2.4 丰厚的股东回报

公司自 2004 年上市以来，除当年首发公开募集 17.88 亿元资本之外，再无其他公开募股。每年仅有少量的员工股票期权募股资金进账，前后累计向股东募集资金仅为 37.62 亿元。也就是说，公司从 11.44 亿元的销售规模发展至目前的 1 519.38 亿元规模，完全依赖公司自我积累。公司自上市以来，累计实现税后净利润 1 517.05 亿元，累计向股东现金分红 134.82 亿元。所以，我们不仅看到在市场层面上，这是一家只涨不跌的公司，目前市值已超过 3 万亿元，上涨了 380 多倍；而且，在财务层面上，它也向股东提交了满意的答卷。

2016 年，公司股东权益报酬率为 22.06%，略低于上年 23.59% 的水平，这主要是因为 2016 年度留存利润较多，导致股东权益占比提升，资产负债率下降，资本成本升高。公司自上市以来的 13 年间，平均股东权益报酬率高达 28.93%，这也足以表明它在财务层面上的骄人业绩。

腾讯控股股东权益报酬率如图 14-9 所示。

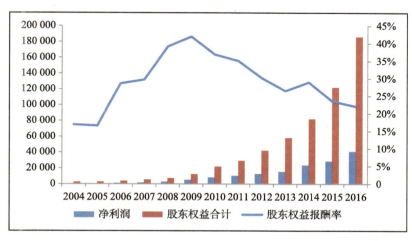

图 14-9　腾讯控股股东权益报酬率

公司 2016 年产生的经营活动现金净流入为 655.18 亿元，而同期净利润为 410.95 亿元，净现金占净利润之比为 1.59 倍，略高于上年 1.58 倍的水平。纵观自上市以来的 13 年，平均利润现金保障倍数为 1.33 倍。最低现金保障的年份是上市当年，净利润 4.47 亿元，而净现金为净流出 2.08 亿元；最高的年份是 2005 年，2.05 倍。其他年份的净现金对净利润保障程度基本都在 1 倍以上（2007 年为 0.98 倍），由此可知，腾讯控股净利润具有较高的净现金支持。

腾讯控股利润现金保障倍数如图 14-10 所示。

图 14-10　腾讯控股利润现金保障倍数

## 14.3　腾讯控股的瑕疵与不足

### 14.3.1　创新能力在减弱

腾讯控股作为一家高科技企业，因其产品或服务的差异性或独特性，理应有较高的毛利水平支撑。纵观自 2004 年上市以来的 13 年财报，其平均综合销售毛利率为 64.05%。公司 2016 年度 39 258 名员工中，有超过 50% 以上的员工从事产品研发工作，足见公司对研发工作的重视。然而，就其综合销售毛利率而言，2016年仅为55.61%，不仅远低于过去13年的平均水平，而且较2014年、2015年的60.89%和59.53%有较大幅度的下降。这一方面可能意味着公司的创新能力在减弱，产品差异性降低；另一方面也可能是因为技术向外围的拓展应用而增加了销售收入中低毛利产品销售的占比，从而拉低了公司产品的整体差异性。

腾讯控股销售毛利率如图14-11所示。

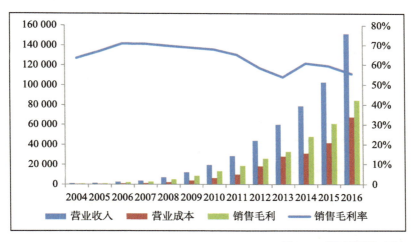

图14-11 腾讯控股销售毛利率

### 14.3.2 公司有重营销、轻研发的倾向

根据公司2016年度报告，其研发投入经费118.45亿元，较上年90.39亿元增长31.04%，较2007年增长了30.5倍，平均年度复合增长率为46.72%。这已然充分表达出公司管理层对研发工作的重视。但如果比较2016年度的销售费用投入，我们会发现，公司营销投入的增长更快，2016年度共投入销售费用121.36亿元，高于研发经费118.45亿元的投入水平。销售费用较上年79.93亿元增长51.82%，较之2007年的2.97亿元增长了39.86倍，平均复合增长率高达51.02%。因此我们说，

公司虽然对研发和营销同等重视，但相比之下，或许早期更加注重研发投入，而目前却有重营销、轻研发的倾向，或许这也是导致其销售毛利率逐年下降的原因之一。

腾讯控股销售费用及研发投入如图 14-12 所示。

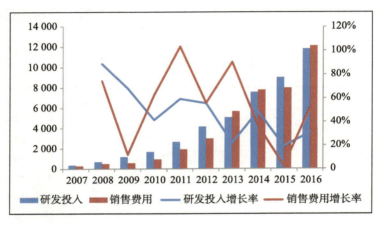

图 14-12　腾讯控股销售费用及研发投入

### 14.3.3　持续的股权投资或购并积累了较大的商誉减值风险

商誉是企业在投资或购并过程中所支付的高于被购并公司账面净资产值的溢价部分。这部分溢价会一直伴随被购并企业的成长而一直存在于收购公司的资产负债表上，成为收购方的一项永久性资产，除非被购并方因经营失败等原因导致购并方商誉一次性减值。伴随腾讯控股成长过程的持续股权投资或购并，也使得腾讯资产负债表积累了较大的商誉资产风险。公司 2016 年度末累计商誉资产余额为 229.27 亿元，较之 2005 年的 3.01 亿元增长了 75 倍，占总资产的比重达到 5.8%。虽然截至目前的商誉资产占比还较小，但却有逐步扩大的趋势，较之上年占比的 2.3% 有较大幅度的增长，需要引起管理层的警惕。

腾讯控股商誉如图 14-13 所示。

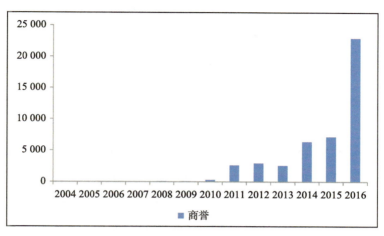

图 14-13　腾讯控股商誉

除此之外，公司股权投资或购并在目前阶段为公司提供的收益回报还非常有限，而且隐含风险。公司权益性投资损益在过去3年保持连年亏损，2014年、2015年、2016年三年的亏损额分别为 -3.47 亿元、-27.93 亿元、-25.22 亿元。这在一定程度上说明公司股权投资仍然存在较大的减值或亏损风险。

腾讯控股权益性投资损益如图 14-14 所示。

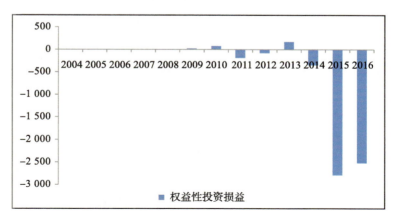

图 14-14　腾讯控股权益性投资损益

## 14.4 世界还很大,一切只是刚刚开始

### 14.4.1 腾讯控股的业绩,很难用财务指标来表现

腾讯控股在中国之所以说是"家喻户晓",并不是因为它的市值已到了3万亿元,也不是因为它的销售收入已经是千亿元级别,而是因为它拥有8.68亿的QQ月活跃账户和8.89亿的微信及WeChat合并月活跃账户。而且,这一数量在2017年中报信息披露中不仅没有下降,反而保持了较大幅度的增长。虽然有些用户不止注册一个账户,但大部分账户应当都只代表了单一个体。除了用户数量的增长以外,单个用户的微信时间也有大幅度的提升,2016年12月每人每月花费在微信上的时间高达1 967分钟,这说明用户的黏性在增强。所以我们说,腾讯控股的最大业绩不是在财务方面,而在于它建立、运营和管理了目前中国最大的互联网社群。这是一个了不起的成就。腾讯控股,或许正在以商业或技术的方式控制着用户的思想、交流、认知和隐私。如果说百度所控制的大部分是公众信息,那么,腾讯所控制的更多是用户的个人隐私。它们都正在以各自的方式掌控着中国,也正在以各自的方式改变着中国。随着腾讯AI在医疗健康、应用场景等方面技术的重大突破,未来的腾讯将无处不在。目前我们所看到的财务上所表现出来的业绩,或许只是其业绩的很小一部分。世界还很大,一切只是刚刚开始。

### 14.4.2 腾讯控股的产品,很难用收费来衡量

腾讯控股所打造的"一站式在线生活服务"平台,是目前全球综合性程度最高的互联网平台。它集Facebook,WhatsApp,Netflix,Gmail,Spotify和Paypal等众多功能于一身,用户不仅可以建立群聊,而且可

以玩游戏、看电影、听音乐、购物，以及其他所有可能想到的任何需求或服务。腾讯控股一贯秉持的"以满足用户需求"为目标而非以收费为目标的发展理念，也正在帮助它从中国走向中国，从世界走向世界。在技术层面上，腾讯只专注于发展，其中绝大部分产品和服务都是免费向用户开放。而其收入则只是水到渠成，目前还主要依靠增值服务、网络广告和其他收入。最近两年备受人们关注的腾讯支付和云服务，也已成为公司 2016 年度的爆发性增长点。包括支付相关和云服务在内的其他收入，2015 年度为 42.68 亿元，而 2016 年度则以 302% 的速度增长至 171.58 亿元。而且，这类服务正在将腾讯控股的在线业务引向实体应用。世界还很大，一切都只是刚刚开始。

腾讯控股产品销售收入如图 14-15 所示。

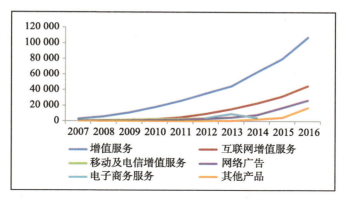

图 14-15  腾讯控股产品销售收入

### 14.4.3　腾讯控股的未来，很难用中国来衡量

腾讯控股在中国所建立的最大的互联网社群决定了它收入中的 95% 源自于中国市场，并使之成为中国本土最大的互联网综合服务供应商。它所建立的一站式服务体系也已然得到中国消费者的普遍认同。它在存储技术、数据挖掘、多媒体、中文处理、分布式网络、无线技术六大方

向，也都形成了完善的自主研发体系，并成为中国积累发明专利最多的互联网企业。但腾讯控股要走向世界，还必须面临各个国家和地区不同政治、法律、文化、消费者习惯以及用户切换成本等诸多方面的挑战与考验。世界还很大，一切都只是刚刚开始……

薛云奎<br>2017 年 9 月 2 日星期六于上海下沙

# 15 / 百富环球
## 战略转型已成燃眉之势

## 15.1　一家专业经营 EFT-POS 终端机解决方案的供货商

百富环球是一家专业经营 EFT-POS 终端机解决方案的供货商，主要开发并销售 EFT-POS 产品并提供相关服务。2016 年销售收入 29.16 亿元，POS 终端机销售收入便达到 26.88 亿元，占销售总收入的 92%，其余 8% 的收入主要源自与 POS 机终端设备相关的配套产品和服务。所以，这是一家专业化程度极高的公司。

百富环球是一家背靠我国香港地区、辐射全球的制造业企业。2016 年 29.16 亿元销售收入中，16.22 亿元源自中国内地，占总收入的 55.66%；香港地区销售 10.43 亿元，占总收入的 35.78%；美国销售 1.77 亿元，占总收入的 6.06%；意大利销售 0.73 亿元，占总收入的 2.5%。所以，这也是一家国际化程度较高的中国制造业企业。

百富环球算不算是一家高科技企业？公司 2016 年销售收入 29.16 亿元，销售毛利 12.63 亿元，综合销售毛利率 43.31%，达到历史最高水平。过去 10 年平均销售毛利率 38.39%，大部分年份的销售毛利率为 35%～40%，且相对稳定。这说明公司产品具有较高的科技含量和一定的市场竞争力。2016 年销售毛利率的大幅度提升，说明公司产品成本得到有效控制，产品质量或差异性有所增强。

百富环球销售毛利率如图15-1所示。

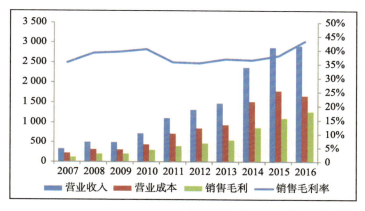

图15-1 百富环球销售毛利率

百富环球成立于2000年3月，2010年12月在香港挂牌上市。首发募资10.28亿元。目前公司总市值43.88亿元。2016年报表净利润6.01亿元，市盈率7～8倍，实在是一家估值不高的中小规模公司。那么，这家公司是否具有投资价值呢？下面，我们分别从经营、管理、财务和业绩四个维度来做一个全面、系统的分析。

## 15.2 经营层面：面对电子支付挑战，销售增长受阻

### 15.2.1 成长性分析

公司在过去10年始终保持持续、稳定的销售增长，这实属不易。销售收入从2007年的3.28亿元，增长至2016年的29.16亿元，增长7.89倍，平均复合增长率27.48%，算是一家快速增长的公司。2014年经历高速增长，增速达61%，最近两年增速明显放缓，仅为21%和2%，值得引起管理层的高度重视。

百富环球营业收入及净利润如图 15-2 所示。

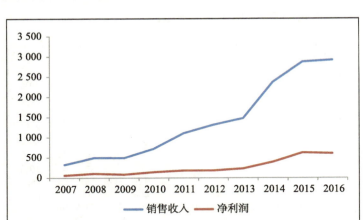

图 15-2　百富环球营业收入及净利润

### 15.2.2　销售构成分析

通过销售地域构成分析我们发现：公司 2015～2016 年度销售减缓的主要原因是中国内地的销售呈现出不增长或负增长的态势。2015 年增长 2.38%，2016 年增长 -7.23%。我国香港地区的销售也增长缓慢，分别为 63.38% 和 4.33%。虽然管理层积极开拓美国和意大利市场，而且，这两个市场的销售增长很快，但由于刚刚起步，销售占比过低，所以，对整体销售增长的影响不大。公司销售停滞不前，让投资人看不到未来希望，或许是其股价被低估的主要原因。

中国内地及香港地区销售的减缓甚至负增长，是否因为支付宝及微信支付等诸多电子支付手段的迅速崛起？这需要管理层的足够理性和重视。若如此，公司需要严肃思考未来的发展方向和出路在哪里。这是有关公司生死存亡的严峻挑战。若等到将来业绩变坏再转型，恐怕就丧失了绝佳的战略机会和良好的窗口期。

### 15.2.3 营销与研发投入分析

公司 2016 年投入营销费用 2.36 亿元，研发费用 1.84 亿元，分别占销售毛利的 18.66% 和 14.53%。虽然公司投入营销与研发的总费用不多，但相对于公司毛利规模来说，其占比却并不低，说明公司对销售和研发投入的重视。

比较公司自上市以来的营销与研发投入，研发投入占比相对稳定，而营销投入波动较大。相较之下，2016 年度的营销投入有较大幅度的下降。2015 年度，营销投入占毛利比重的 27.18%，而 2016 年度则降为 18.66%。或许是公司因营销计划的原因将上年未用完的营销利益递延至 2016 年度，或许有利用营销投入计划操控公司利润的嫌疑。

百富环球研发投入及营销费用如表 15-1 所示。

表 15-1　百富环球研发投入及营销费用

| | 2010 年 | 2011 年 | 2012 年 | 2013 年 | 2014 年 | 2015 年 | 2016 年 |
| --- | --- | --- | --- | --- | --- | --- | --- |
| 研发投入 | 35 | 53 | 83 | 94 | 114 | 158 | 184 |
| 营销费用 | 74 | 124 | 114 | 131 | 219 | 297 | 236 |
| 销售毛利 | 293 | 395 | 466 | 543 | 867 | 1 094 | 1 263 |
| 研发投入占比 | 11.91% | 13.34% | 17.77% | 17.40% | 13.13% | 14.42% | 14.54% |
| 营销费用占比 | 25.38% | 31.42% | 24.39% | 24.15% | 25.21% | 27.18% | 18.66% |

## 15.3　管理层面：现金充裕，经营风险较低

### 15.3.1　资产规模及其利用效率分析

公司 2016 年年末资产总额 44.33 亿元，较之 2007 年增长 12.38 倍，而同期销售收入仅增长 8.89 倍，从而导致其管理效率下降。公司管理层应当有效控制公司资产规模的增长。控制资产规模，犹如控制一个人的体重，是提高公司管理效率的有效手段。

百富环球资产周转率如图 15-3 所示。

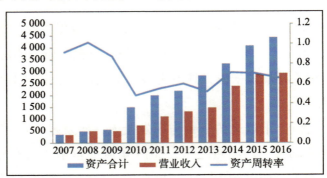

图 15-3　百富环球资产周转率

### 15.3.2　资产及其构成分析

在 2016 年年末公司资产总额 44.33 亿元中，流动资产 42.2 亿元，占资产总额的 95.20%，这表明百富环球是一家绝对轻资产的公司。公司除有少量的固定资产和无形资产投资以外，并无其他任何非流动资产，公司经营风险很小。导致公司流动资产增长的主要原因是现金资产和应收款项的大幅度增加。

2016 年年末，公司现金及现金等价物余额为 22.07 亿元，接近总资产的 50%（49.79%）。应收款项合计 14.16 亿元，占总资产的 31.94%。也就是说，公司 80% 以上的资产为现金及应收款项。所以，也可以说，这是一家以营销和研发见长的公司，公司资产风险主要表现为应收款项所可能发生的坏账风险。

2016 年年末的存货余额为 5.97 亿元，占总资产的 13.47%。与前三年存货占比基本持平，上年度余额为 5.62 亿元，占资产总额的 13.77%。或许是产品成本下降幅度较大的原因，虽然存货占比略有下降，但存货周转率却并未提升，反而还有所下降，需要引起管理层的警惕。

百富环球存货周转率如图 15-4 所示。

另外值得一提的是，如果纵观 10 年的现金及现金等价物与应收款项数据,我们会发现,前者在资产总额中的占比呈下降的趋势,而后者则呈现出逐步上升的趋势。这种反向变动意味着公司的资产质量正在下降,优质的现金及等价物资产正在被可能发生坏账的应收款项所取代。

百富环球现金及其等价物占比与应收款项占比如表 15-2 所示。

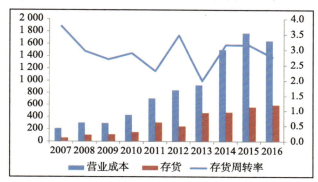

图 15-4 百富环球存货周转率

表 15-2 百富环球现金及其等价物占比与应收款项占比

|  | 2007 年 | 2008 年 | 2009 年 | 2010 年 | 2011 年 | 2012 年 | 2013 年 | 2014 年 | 2015 年 | 2016 年 |
|---|---|---|---|---|---|---|---|---|---|---|
| 总资产 | 358 | 490 | 566 | 1 505 | 2 006 | 2 194 | 2 833 | 3 334 | 4 080 | 358 |
| 现金及其等价物 | 107 | 110 | 242 | 1 067 | 1 152 | 1 358 | 1 698 | 1 919 | 2 144 | 107 |
| 现金及其等价物占比 | 29.89% | 22.45% | 42.76% | 70.90% | 57.43% | 61.90% | 59.94% | 57.56% | 52.55% | 29.89% |
| 应收款项合计 | 186 | 269 | 202 | 276 | 521 | 555 | 644 | 912 | 1 305 | 186 |
| 应收款项占比 | 51.96% | 54.90% | 35.69% | 18.34% | 25.97% | 25.30% | 22.73% | 27.35% | 31.99% | 51.96% |

应收款项周转率也因为应收款项余额增长过快而有所下降。

百富环球应收款项周转率如图 15-5 所示。

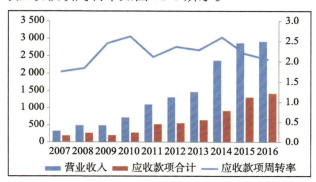

图 15-5 百富环球应收款项周转率

## 15.4 财务层面：偿债能力很强，财务风险较低

### 15.4.1 资本结构及财务风险分析

2016 年度末，负债及股东权益合计为 44.33 亿元，其中，股东权益 35.01 亿元，负债 9.32 亿元。资产负债率仅为 21.02%。公司偿债能力很强，财务风险较低。

百富环球资产负债率如图 15-6 所示。

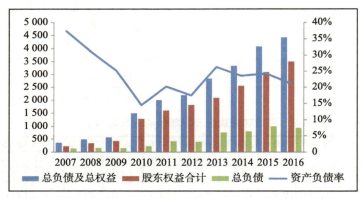

图 15-6 百富环球资产负债率

### 15.4.2 负债结构分析

2016 年度末，公司负债余额为 9.32 亿元，其中绝大部分为流动负债，余额为 9.25 亿元，长期负债仅有 600 万元，几乎可以忽略。在 9.25 亿元流动负债中，应付账款及票据 6.62 亿元，占总负债的 71.03%；应交税金及其他共计 2.63 亿元，占负债的剩余部分；公司没有任何长、短期有息负债。

在公司没有银行等金融机构有息负债的前提下，总体负债率的下降意味着公司谈判能力的减弱。当然，变化并不明显，只是需要引起管理层的关注。

## 15.5 业绩层面：小巧精致，市场估值偏低

### 15.5.1 净利润及其增长分析

公司 2016 年度实现税后净利润 6.01 亿元，略低于上年 6.21 亿元的水平。净利润下降的主要原因应当是最近两年销售增长减缓。2015 年公司销售收入 28.72 亿元，2016 年销售收入 29.16 亿元，增长部分不足以抵销费用预算的增长而导致净利润增长下降。纵观过去 10 年的净利润增长，2016 年相较于 2007 年，净利润增长了 8.39 倍，快于销售收入增长的 7.89 倍，或者说公司销售收入与净利润增长基本同步。这在一定程度上表明，公司在过去 10 年盈利能力基本没有改变或略有提升。净利润的平均复合增长率 28.26%。所以，这应该算是一家快速增长的公司。

### 15.5.2 净利润的现金含量分析

相对于净利润增长而言，公司净利润的现金含量支持指标并不理想。常年经营活动净现金流入都表现不足。2016 年，净现金的支持度仅为 42%，2015 年仅为 51%。只有 2012 年和 2013 年两年，净现金支持超过 100%。究其主要原因是应收款项增加而应付款项减少。公司随着规模扩展并未占用越来越多上下游的资金，而正好相反，上下游占用了更多公司的现金。这也是导致公司资产负债率不高的主要原因。

### 15.5.3 股东报酬率分析

虽然公司账面上盈利丰厚，但因公司占用较多股东资金而致股东报酬率不高。2016 年度，公司股东权益报酬率为 17.17%，远低于上年 20.09% 的水平。其主要原因是公司留成利润增大了分母，增加了公司股东权益份额。

百富环球 ROE 指标如图 15-7 所示。

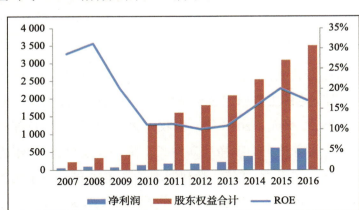

图 15-7　百富环球 ROE 指标

## 15.6　简要结论

综合上述，百富环球是一家精致而有特色的中小规模公司，其财报非常简明而干净。

销售收入和净利润在过去 10 年保持了快速增长，平均复合增长率保持在 28% 左右，但最近两年增长开始趋缓，尤其是中国内地及香港地区的销售大幅度减缓，导致公司销售和利润增长缓慢。公司虽然加大了海外销售的力度，市场增长也很快，但因其占比较小，尚不足以左右销售与利润增长的大局。

公司是一家绝对轻资产的公司，非流动资产的占比不足总资产的 5%，经营风险极低。在资产构成中，现金及现金等价物资产约占总资产的一半，表明公司资产质量风险较低。但由于应收款项有较大幅度增长，且周转率下降，因此导致公司存在一定的信用赊销风险。

公司自上市以来几无任何银行或金融机构借款，资产负债率仅为 21% 且呈现出下降的趋势，财务风险极低。但与此同时，这也表明公司占用上下游资金能力减弱，过多的现金剩余诱导公司放松现金管理，从而削弱了公司管理效率和加大了公司财务风险。

公司产品滞销，或许是电子支付市场迅速崛起之故，公司应有战略上的转型对策以应对日益严峻的挑战。公司研发投入和营销投入虽然保持稳定，但相关效率有待进一步提升。

薛云奎

2017 年 11 月 1 日

# 尾 注

1. 内在价值：企业的内在价值是企业自身所具有的价值，它是一种客观存在，是由企业内在的品质所决定的。企业的内在价值是决定企业市场价值的重要因素，但二者经常表现得不一致。企业的内在价值能够制约并影响市场价值；反过来，市场价值对内在价值也会产生影响。

2. 杜邦分析法：亦称杜邦财务分析体系，是指根据各主要财务比率指标之间的内在联系，建立财务分析指标体系，综合分析企业财务状况的一种经典方法。由于该方法是由美国杜邦公司最先采用的，故称为杜邦财务分析法，它产生于20世纪20年代，最早由美国杜邦公司销售员Donaldson Brown在其1912年的一份内部效率报告中使用。杜邦分析法的具体公式为：净资产收益率＝资产净利率（净利润／总资产）×权益乘数（总资产／所有者权益）＝收入利润率（净利润／销售收入）×总资产周转率（销售收入／总资产）×权益乘数（总资产／所有者权益）。

3. 内生性增长：内生性最早来源于货币供给理论，指的是增长得由内需来驱动。本书内生性增长是指依靠企业自身实力获得的增长，区别于"购并增长"。

4. 定性分析：对研究对象进行"质"的方面的分析，是根据社会现象或事物所具有的属性和在运动中的矛盾变化，从事物的内在规定性来研究事物的一种方法或角度。它以普遍承认的公理、一套演绎逻辑和大量的历史事实为分析基础，从事物的矛盾性出发，描述、阐释所研究的事物。进行定性研究，要依据一定的理论与经验，直接抓住事物特征的主要方面，将同质性在数量上的差异暂时略去。

5. 定量分析：本指分析化学中的一个分支，用以测定物质中各种成分的含量。引申指在社会科学领域中从量的方面分析事物。

6. 大盘绩优蓝筹：指上市公司在市场中有一定垄断性的市场潜力，有较好的盈利能力，且有一定的市场前景。在股市上，代表了本行业的特征，并能左右本行业在股市中的波动。

7 第三方审计机构：指独立于利益双方的机构，一般指会计师事务所。根据我国法律法规，上市公司的年度报告必须要经过第三方审计（必须具备资质的会计师事务所进行审计），中期报告如无特殊规定，一般无须审计。

8 会计舞弊：是指公司管理层由于自身的利益驱动，在信息不对称及会计准则不完备的情况下做出了有违会计真实、公允原则的经济行为。会计舞弊通常包括会计政策选择和盈余管理，但其涵盖的范围又有所拓展。按其是否合法可区分为两类：一类是指在公认会计准则（GAAP）和相关法律许可的范围内，利用剩余会计规则制定权对有关的会计数据进行有意识的处理，使这些数据反映的是管理层期望表现的状态，是合法的会计操控。另一类是非法的会计操控，这类会计操控通常表现为对当前会计制度、会计准则和相关法律法规的严重违背，它所生产出的会计信息必然是扭曲的、失真的会计信息，将会误导会计信息使用者做出错误的决策。

　　常用的方法有以下几种：①虚构资产或经济业务调节利润，利用虚拟资产作为"蓄水池"，在费用和损失实际发生时不及时确认、少摊销已经发生的费用或损失，或考虑到公司的承受能力而暂时挂列为待摊费用、递延资产等科目，人为调节报表的利润。虚构经济业务更是企业调节利润的常见手法。为了虚增利润，企业往往会伪造购销合同，虚拟客户，虚开销售发票，虚构销售收入，使得公司确认的收入远远大于实际销售收入。②虚假确认收入、费用，提前或尽可能多地确认收入，减少费用是上市公司增加利润的重要手段，混淆会计期间，延期确认收入，多计费用也是企业用以隐瞒和转移收入、偷税逃税和以丰补歉调节利润的惯用手法。③利用会计政策和会计估计调节利润等。目前我国会计政策的变更成本低，许多情况下，管理当局进行会计变更并非为了使会计信息更真实，而是为了操纵利润。

9 会计假账：与会计舞弊的含义有一定重合，指财务会计师、注册会计师违反会计契约义务，造成会计信息出现经济业务与原始凭证不符、原始凭证与记账凭证不合、记账凭证与会计账簿脱节、会计账簿与会计报告无关、会计账表与实物资产脱离的不符合会计契约真实完整义务规定的法律状态。

10 股票拆分：又称为"股票分割"，是在保持原有股本总额的前提下，将原来的一股拆成两股或者更多，使股票面值降低而增加股票数量的行为。虽然股票拆分不属于某种股利，但与股票股利一样，它会对公司的每股收益、每股市价等产生影响。在其他条件不变的情况下，分割后的股票单价和每股收益降低，但公司内在价值和市场价值没有发生变化。

11 高送转：通过送红股或者转增股票的方式使股数增加，股价变小。实质是股东权益的内部结构调整，对公司的内在价值没有影响，对公司的盈利能力也并没有任何实质性影响。

"高送转"后，公司股本总数扩大，但公司的股东权益并不会因此而增加。而且，在净利润不变的情况下，由于股本扩大，资本公积金转增股本摊薄每股收益。在公司"高送转"方案的实施日，公司股价将做除权处理，也就是说，尽管"高送转"方案使得投资者手中的股票数量增加了，但股价也将进行相应的调整，投资者持股比例不变，持有股票的总价值也未发生变化。

12 市值：指一家上市公司的发行股份按市场价格计算出来的股票总价值，其计算方法为每股股票的市场价格乘以所有发行股票总股数。整个股市上所有上市公司的市值总和，即为资本市场总市值。如无特别说明，本书市值均指该案例公司的总市值，取自案例制作当日Wind数据库。

13 市盈率：也称"本益比""股价收益比率""价格与收益比率"或"市价盈利比率"，是最常用来评估股价水平是否合理的指标之一。市盈率通常分为静态市盈率和动态市盈率；静态市盈率＝市值/上一年度末净利润，动态市盈率＝市值/本年度预测净利润；本书所指市盈率均为静态市盈率。

14 利润的含金量：用"利润现金保障倍数"指标测量，该指标又称"盈利现金比率"，是指企业一定时期经营现金净流量同净利润的比值，反映了企业当期净利润中现金收益的保障程度，能够一定程度反映企业利润的质量。

15 实际所得税率：与"名义税率"对应；在实纳税额与应纳税额相等，征税对象的全部数额与应税的征税对象数额相等时，实际税率与名义税率相等；如果不相等，则实际税率与名义税率不等。计算公式为：实际所得税率＝当年所得税费用/同期税前利润。

16 平均所得税率：指案例所属行业中所有上市公司实际所得税率的均值。

17 如无特别说明，本书图表中货币单位均为"百万元"。

18 如无特别说明，本书图表若没有标识详细年份，则图表中所列数据取自2016年年报。

19 收入增长率：指企业本年营业收入增加额对上年营业收入总额的比率，是评价企业成长状况和发展能力的重要指标。计算公式为：收入增长率＝（本年度销售收入－上一年度销售收入）/上一年度销售收入。

20 上市以来股价增长率：上市以来股价增长率＝（股票当期的后复权价格－上市首日股票开盘价）/上市首日股票开盘价。"股价"取自 Wind 数据库；"后复权价格"与"前复权价格"是对应概念，向后复权就是保持先前的价格不变，而将以后的价格增加，向后复权与向前复权两者最明显的区别在于向前复权的当前周期报价和 K 线显示价格完全一致，而向后复权的 K 线显示价格大多高于当前周期报价。

21 存货周转率：存货周转率是衡量企业销售能力及存货管理水平的综合性指标。计算公式为：存货周转率＝营业成本/存货，分母取自本年度资产负债表中"存货"科目的期末数。

22 应收款项周转率：应收款项周转率是衡量企业应收款项周转速度及管理效率的指标。计算公式为：应收款项周转率＝营业收入/（应收账款＋应收票据＋预付款项），分母取自本年度资产负债表中对应科目的期末数。本书中应收款项包含应收账款、应收票据和预付款项，但老板电器由于"预付款项"金额较少，忽略不计。

23 资产周转率：资产周转率是考察企业资产运营效率的一项很重要的指标，体现企业经营期间全部资产从投入到产出的流转速度，反映企业全部资产的管理质量和利用效率。计算公式为：资产周转率＝营业收入/资产合计，分母取自本年度资产负债表期末数。

24 资本成本：资本成本指企业筹集和使用资本而付出的代价。资本成本包括债务资本成本和权益资本成本。债务资本成本是指借款和发行债券的成本，包括借款或债券的利息和筹资费用；权益资本成本是指企业通过发行普通股票获得资金而付出的代价，它等于股利收益率加资本利得收益率，也就是股东的必要收益率。如无特殊说明，本书的资本成本均指加权平均资本成本。加权平均资本成本＝税后债务资本成本 × 债务比重＋权益资本成本 × 权益比重。债务资本成本小于权益资本成本，负债率越高，资本成本数额越小。

25 资产负债率：资产负债率是用以衡量企业利用债权人提供资金进行经营活动的能力，以及反映债权人发放贷款的安全程度的指标。计算公式为：资产负债率＝负债合计/资产合计，分子、分母均取自本年度资产负债表期末数。

26 股东权益报酬率：股东权益报酬率表明普通股投资者委托公司管理人员利用其资

金所获得的投资报酬，数值越大越好。计算公式为：股东权益报酬率（ROE）＝合并净利润/所有者权益合计，分母取自本年度资产负债表期末数。

27  平均复合增长率：是指一项投资在特定时期内的年度增长率。与年增长率不同，年增长率是一个短期的概念，从一个产品或产业的发展来看，可能处在成长期或爆期而年度结果变化很大，但如果以"复合增长率"衡量，因为这是个长期时间基础上的核算，所以更能够说明产业或产品增长或变迁的潜力和预期。计算公式为：平均复合增长率＝（当期指标数/基期指标数）$^{1/n}$－1。其中，$n$ 表示期数。

28  销售毛利率：该指标用来衡量企业的盈利能力，通过本指标可预测企业盈利能力。销售毛利是销售净额与销售成本的差额，是企业在扣除期间费用、所得税费用前的盈利额，计算公式为：销售毛利率＝（营业收入－营业成本）/营业收入。如果销售毛利率很低，表明企业没有足够多的毛利额，补偿期间费用后的盈利水平就不会高，也可能无法弥补期间费用，出现亏损局面。分析毛利率指标便能剔除不同所得税率，以及不同期间费用耗费水平所带来的不可比因素影响，有利于销售收入、销售成本水平的比较分析。

29  同一控制主体下的购并：是指参与合并的企业在合并前后均受同一方或相同的多方最终控制且该控制并非暂时性的企业合并。该类企业合并一定程度上并不会造成企业集团整体的经济利益流入和流出，最终控制方在合并前后实际控制的经济资源并没有发生变化。

30  定向增发：向特定投资者非公开发行股票。与之相对应的是公开增发，公开增发就是面对社会大众再发新股。定向发行和公开增发有着本质的区别：①定向增发是为了进行重组和并购，而不是从公众投资者手中筹资；②定向增发的对象是特定人，而不是广大社会公众投资者；③定向增发的对价不限于现金，还包括非现金资产（包括权益）、债权等，而公开增发必须以现金认购；④由于特定人不同于社会公众投资者，不需要监管部门予以特殊保护，定向增发的条件可不受《公司法》关于三年连续盈利及发行时间间隔的限制；⑤定向增发不需要承销，成本和费用相对较低。

31  流动比率：流动比率用来衡量企业流动资产在短期债务到期以前，可以变为现金用于偿还负债的能力。计算公式为：流动比率＝流动资产/流动负债，分子、分母均取自本年度资产负债表期末数。一般说来，该比率越高，说明企业资产的变现能力越强，短期偿债能力亦越强，企业面临的短期流动风险越小，债权人安全程度越高；反之亦然。但并非流动比率越高越好，过高的流动比率大多与存在闲置现金、存货积压或应收账款周转缓慢相伴而生。但至今并没有更好的指标取代它，故流动比率现仍被普遍采用，作为衡量企业短期偿债能力最重要的标准。

32  关联方交易：是指关联方之间发生转移资源或义务的事项，而不论是否收取价款。关联方之间进行交易的信息成本、监督成本和管理成本要少，交易成本可得到节约，故关联方交易可作为公司集团实现利润最大化的基本手段。尽管从法律角度来看，关联方交易的双方在法律上是平等的，但在现实中却往往不平等，关联人在利己动机的诱导下，往往会滥用对公司的控制权，使关联方交易违背了等价有偿的商业条款，导致不公平、不公正的关联方交易的发生，进而损害了公司及其他利益相关者的合法权益。本书中关联方交易数据取自年报附注。

33  ST：special treatment 的缩写，即"特别处理"的意思，是具有浓厚中国特色的资本市场产物。1998 年 4 月 22 日，沪深证券交易所宣布将对财务状况和其他财务状况异常的上市公司的股票交易进行特别处理。其中异常主要指两种情况：一是上市公司经审计两个会计年度的净利润均为负值，二是上市公司最近一个会计年度经审计的每股净资产低于股票面值。相关概念还有 *ST、SST、S*ST、S、NST。其中，*ST——境内上市公司经营连续三年亏损，被进行退市风险警示的股票；SST——公司经营连续两年亏损，特别处理还没有完成股改；S*ST——公司经营连续三年亏损，退市预警还没有完成股改；S——还没有完成股改；NST——N 代表 new，即"新的"，ST 表示的是该股的业绩经营等方面出现了风险，导致该股面临退市风险，NST 也就是说，当天刚刚被 ST 或者是 ST 股票经过特殊处理或者别的后重新进入市场交易。

34  主营业务利润：又称基本业务利润。通常情况下，企业的主营业务利润应是其利润总额的最主要的组成部分，其比重应是最高的，其他业务利润、投资收益和营业外收支相对占比不应很高。主营业务利润＝利润总额－非主营业务利润，非主营业务利润＝营业外收入－营业外支出＋公允价值变动收益－公允价值变动损失－财务费用，如果非主营业务利润构成中某一项数值较小，则忽略不计。

35  间接融资：是指资金盈余单位与资金短缺单位之间不发生直接关系，而是分别与金融机构发生一笔独立的交易，从而实现资金融通的过程。与之相对应的概念是直接融资。间接融资和直接融资两者的区别标准在于债权、债务关系的形成方式。直接融资活动先于间接融资而出现，直接融资是间接融资的基础；而间接融资又大大地促进了直接融资的发展。在现代市场经济中，直接融资与间接融资是并行发展、互相促进的。

36  应计制：又称为权责发生制。在应计制下，应归属本期的收入和费用，不仅包括本期实际收到的收入和实际支出的费用，以及下期收到的收入和支付的费用，还可能包括在上期已经取得的收入和付出的费用。所以，在会计期末要确定本期的收入和费用，必须根据账簿记录按照归属原则对账簿记录进行调整。

37  公允价值：公允价值亦称公允市价、公允价格，是指熟悉市场情况的买卖双方在公平交易的条件下和自愿的情况下所确定的价格，或无关联的双方在公平交易的条件下，一项资产可以被买卖或者一项负债可以被清偿的成交价格。

# 彼得·德鲁克全集

| 序号 | 书名 | 序号 | 书名 |
| --- | --- | --- | --- |
| 1 | 工业人的未来 The Future of Industrial Man | 21 ☆ | 迈向经济新纪元 Toward the Next Economics and Other Essays |
| 2 | 公司的概念 Concept of the Corporation | 22 ☆ | 时代变局中的管理者 The Changing World of the Executive |
| 3 | 新社会 The New Society：The Anatomy of Industrial Order | 23 | 最后的完美世界 The Last of All Possible Worlds |
| 4 | 管理的实践 The Practice of Management | 24 | 行善的诱惑 The Temptation to Do Good |
| 5 | 已经发生的未来 Landmarks of Tomorrow：A Report on the New "Post-Modern" World | 25 | 创新与企业家精神 Innovation and Entrepreneurship |
| 6 | 为成果而管理 Managing for Results | 26 | 管理前沿 The Frontiers of Management |
| 7 | 卓有成效的管理者 The Effective Executive | 27 | 管理新现实 The New Realities |
| 8 ☆ | 不连续的时代 The Age of Discontinuity | 28 | 非营利组织的管理 Managing the Non-Profit Organization |
| 9 ☆ | 面向未来的管理者 Preparing Tomorrow's Business Leaders Today | 29 | 管理未来 Managing for the Future |
| 10 ☆ | 技术与管理 Technology, Management and Society | 30 ☆ | 生态愿景 The Ecological Vision |
| 11 ☆ | 人与商业 Men, Ideas, and Politics | 31 ☆ | 知识社会 Post-Capitalist Society |
| 12 | 管理：使命、责任、实践（实践篇） | 32 | 巨变时代的管理 Managing in a Time of Great Change |
| 13 | 管理：使命、责任、实践（使命篇） | 33 | 德鲁克看中国与日本：德鲁克对话"日本商业圣手"中内功 Drucker on Asia |
| 14 | 管理：使命、责任、实践（责任篇）Management: Tasks, Responsibilities, Practices | 34 | 德鲁克论管理 Peter Drucker on the Profession of Management |
| 15 | 养老金革命 The Pension Fund Revolution | 35 | 21世纪的管理挑战 Management Challenges for the 21st Century |
| 16 | 人与绩效：德鲁克论管理精华 People and Performance | 36 | 德鲁克管理思想精要 The Essential Drucker |
| 17 ☆ | 认识管理 An Introductory View of Management | 37 | 下一个社会的管理 Managing in the Next Society |
| 18 | 德鲁克经典管理案例解析（纪念版）Management Cases(Revised Edition) | 38 | 功能社会：德鲁克自选集 A Functioning Society |
| 19 | 旁观者：管理大师德鲁克回忆录 Adventures of a Bystander | 39 ☆ | 德鲁克演讲实录 The Drucker Lectures |
| 20 | 动荡时代的管理 Managing in Turbulent Times | 40 | 管理（原书修订版）Management (Revised Edition) |
| 注：序号有标记的书是新增引进翻译出版的作品 | | 41 | 卓有成效管理者的实践（纪念版）The Effective Executive in Action |

# 商业模式的力量

| 书号 | 书名 | 定价 | 作者 |
| --- | --- | --- | --- |
| 978-7-111-54989-5 | 商业模式新生代（经典重译版） | 89.00 | （瑞士）亚历山大·奥斯特瓦德（比利时）伊夫·皮尼厄 |
| 978-7-111-38675-9 | 商业模式新生代（个人篇）：一张画布重塑你的职业生涯 | 89.00 | （美）蒂姆·克拉克（瑞士）亚历山大·奥斯特瓦德（比利时）伊夫·皮尼厄 |
| 978-7-111-38128-0 | 商业模式的经济解释：深度解构商业模式密码 | 36.00 | 魏炜 朱武祥 林桂平 |
| 978-7-111-57064-6 | 超越战略：商业模式视角下的竞争优势构建 | 99.00 | 魏炜 朱武祥 |
| 978-7-111-53240-8 | 知识管理如何改变商业模式 | 40.00 | （美）卡拉·欧戴尔 辛迪·休伯特 |
| 978-7-111-46569-0 | 透析盈利模式：魏朱商业模式理论延伸 | 49.00 | 林桂平 魏炜 朱武祥 |
| 978-7-111-47929-1 | 叠加体验：用互联网思维设计商业模式 | 39.00 | 穆胜 |
| 978-7-111-57840-6 | 工业4.0商业模式创新：重塑德国制造的领先优势 | 39.00 | （德）蒂莫西·考夫曼 |
| 978-7-111-55613-8 | 如何测试商业模式 | 45.00 | （美）约翰·马林斯 |
| 978-7-111-30892-8 | 重构商业模式 | 36.00 | 魏炜 朱武祥 |
| 978-7-111-25445-4 | 发现商业模式 | 38.00 | 魏炜 |